迷悟之间

星云大师

远见

管理诀窍

中华书局

图书在版编目(CIP)数据

远见:管理诀窍/星云大师著.—北京:中华书局,2014.11
(2015.6 重印)
(迷悟之间)
ISBN 978 – 7 – 101 – 10232 – 1

Ⅰ.远…　Ⅱ.星…　Ⅲ.佛教 – 人生哲学 – 通俗读物
Ⅳ.B948 – 49

中国版本图书馆 CIP 数据核字(2014)第 141982 号

本书由上海大觉文化传播有限公司独家授权出版中文简体字版

书　　名	远见:管理诀窍	
著　　者	星云大师	
丛 书 名	迷悟之间	
责任编辑	焦雅君	
出版发行	中华书局	
	(北京市丰台区太平桥西里 38 号　100073)	
	http://www.zhbc.com.cn	
	E-mail:zhbc@zhbc.com.cn	
印　　刷	北京瑞古冠中印刷厂	
版　　次	2014 年 11 月北京第 1 版	
	2015 年 6 月北京第 2 次印刷	
规　　格	开本/889 × 1194 毫米　1/32	
	印张7　插页8　字数80 千字	
印　　数	6001 – 9000 册	
国际书号	ISBN 978 – 7 – 101 – 10232 – 1	
定　　价	34.00 元	

星云

迷悟一念之间 ···

从二〇〇〇年四月一日开始，我每日提供一篇"迷悟之间"的短文给《人间福报》，写了近四年，共一一二四篇。于二〇〇四年七月结集编成十二本书，由台湾的香海文化出版。

此套书截至目前发行量已近两百万册。曾持续被《亚洲周刊》、金石堂、诚品等书局列入畅销书排行榜，三十一位高中校长联合推荐，以及许多读书会以此书作为研读讨论的教材，不少学生也因看了《迷悟之间》而提升了写作能力等等。

由于此套书具有人间性和普遍性，深受海内外人士的喜爱，除了中文版，其他国家语言的版本有：英文、西班牙文、韩文、日文……全球各种译本的发行量突破了五十万册。尤其难得的是，大陆"百年老店"中华书局也要在二〇一〇年五月出版中文简体版，乐见此套书能在大陆发行。

曾有几位作家疑惑地问我："每日一篇的专栏，要持续三四年，实非易事！你又云水行脚，法务倥偬，是怎么做到的呢？"

回顾这些年写《迷悟之间》的情形，确实，我一年到头在四处弘法，极少有完整的、特定的写作时间。有时利用会议或活动前的少许空当，完成一两篇；有时在跑香、行进间，思绪随着脚步不停地流动；长途旅行时，飞机舱、车厢里，更常是我思考、写作的好场所。

　　每天见报，是一种不可推卸的责任；读者的期待，则是不忍辜负的使命。虽然不见得如陆机的《文赋》所言："思风发于胸臆，言泉流于唇齿"，但因平时养成读书、思考的习惯，加上心中恒存对国家社会、宇宙人生、自然生命、生活现象、人事问题等等的留意与关怀，所以，写这些文章并不是太困难的事。倒是篇数写多了，想"题目"成了最让我费心的！因此，每当集会、闲谈时，我就请弟子们或学生们脑力激荡，提出各种题目。只要题目有了，我稍作思考，往往只要三五分钟，顶多二十分钟，就能完成一篇或讲理述事、或谈事论理的文章。

　　犹记当初为此专栏定名时，第一个想到的名称是"正邪之间"，继而一想，"正邪"二字，无论是文字或意涵，都嫌极端与偏颇，实在不符合佛教的中道精神，遂改为"迷悟之间"。我们一生当中，谁不曾迷？谁不曾悟？迷惑时，无明生起，烦恼痛苦；觉悟后，心开意解，欢喜自在。

　　其实，迷悟只在一念之间！一念迷，愁云惨雾；一念悟，慧日高悬。正如经云："烦恼即菩提，菩提即烦恼！"菠萝、葡萄的酸涩，经由阳光的照射、和风的吹拂，酸涩就可以成为甜蜜的滋味。所以，能把迷的酸涩，经过一些自我的省思、观照，当下就是悟的甜蜜了。

曾经有些读者因为看了《迷悟之间》而戒掉嚼槟榔、赌博、酗酒的坏习惯；也有人因读了《迷悟之间》而心性变柔软，能体贴他人，或改善家庭生活品质，甚至有人因而打消自杀的念头……凡此，都是令人欣慰的回响。

《六祖坛经》里写道："不悟，佛是众生；一念转悟，众生是佛。"迷与悟，常常只在一念之间！祈愿这一千余篇的短文，能轻轻点拨每个人本自具足的清净佛性，让阅读者皆能转迷为悟、转苦为乐、转凡为圣。

星云

二〇一〇年二月

于佛光山法堂

星云大师传略 ···

　　星云大师，江苏江都人，一九二七年生，为禅门临济宗第四十八代传人。十二岁于宜兴大觉寺礼志开上人出家，一九四九年赴台，一九六七年开创佛光山，以弘扬"人间佛教"为宗风，树立"以文化弘扬佛法，以教育培养人才，以慈善福利社会，以共修净化人心"之宗旨，致力推动佛教文化、教育、慈善、弘法等事业。

　　在出家一甲子以上的岁月里，大师陆续于世界各地创建二百余所道场，并创办十八所美术馆、二十六所图书馆、四家出版社、十二所书局、五十余所中华学校、十六所佛教丛林学院，以及智光商工、普门高中、均头中小学等。此外，先后在美国、中国台湾、澳洲创办西来、佛光、南华及南天（筹办中）四所大学。二〇〇六年西来大学正式成为美国大学西区联盟（WASC）会员，为美国首座由华人创办并获得该项荣誉之大学。

　　一九七七年成立"佛光大藏经编修委员会"，编纂《佛光大藏经》、《佛光大辞典》。一九九七年出版《中国佛教白话经典宝藏》，一九九八年创立人间卫视，二〇〇〇年创办佛教第一份日报《人间福报》，二〇〇一年将发行二十余年的《普门》杂志转型为《普门学报》论文双月刊，同时成立"法藏文库"，收录海峡两岸有关佛学的硕、博士论文及世界各地汉文论文，辑成《中国佛教学术论典》、《中国佛教文化论丛》各一百册等。

大师著作等身，总计二千万言，并翻译成英、日、西、葡等十余种文字，流通世界各地。于大陆出版的有《佛光菜根谭》、《释迦牟尼佛传》、《佛学教科书》、《往事百语》、《金刚经讲话》、《六祖坛经讲话》、《人间佛教系列》、《星云大师人生修炼丛书》、《另类的财富》等五十余种。

大师教化宏广，计有来自世界各地之出家弟子千余人，全球信众则达数百万之多；一生弘扬人间佛教，倡导"地球人"思想，对"欢喜与融和、同体与共生、尊重与包容、平等与和平、自然与生命、圆满与自在、公是公非、发心与发展、自觉与行佛"等理念多所发扬。一九九一年成立国际佛光会，被推为世界总会会长；于五大洲成立一百七十余个国家地区协会，成为全球华人最大的社团，实践"佛光普照三千界，法水长流五大洲"的理想。二〇〇三年通过联合国审查肯定，正式加入"联合国非政府组织"(NGO)。

大师自一九八九年访问大陆后，便一直心系祖国的统一。近年回宜兴复兴祖庭大觉寺，并捐建扬州鉴真图书馆，接受苏州寒山寺的赠钟，期能促进祖国统一，带动世界和平。

大师对佛教制度化、现代化、人间化、国际化的发展，可说厥功至伟！

目 录

I

全方位

说话，要四平八稳，对于各种人事关系要顾念周全，要有全方位的认知；做事，前因后果，左右关系，也要有全方位的知识。所谓"全方位"，在时间上要"竖穷三际"，在空间上要"横遍十方"。对宇宙人生有全方位的了解，对世道人情有全方位的认识，如此做人处事，方能面面俱到。

一个公司机关里的主管，对于自己所管辖的业务、人事，要有全方位的了解，才能领导属下；一个家庭主妇，对于家事的烧煮、洗刷，都能全方位的操持，才是一个称职的家庭管理者。

开车，懂得时速、号志等交通规则，才是一个全方位的好驾驶；下棋，全盘棋子都在自己的掌握下，进可攻、退可守，进退了然于心，才是全方位的棋手，才能赢棋。

学生读书，要"五育并进"，才是全方位的学习；宗教信徒，要懂得福慧双修、行解并重，才是全方位的信仰。乐团指挥，要照顾全团各种乐器的和谐演奏，才能称为全方位的优秀指挥家；军队作战，要做沙盘推演，有了全方位的战略，才是一个好的指挥官。

现在的饭店旅馆，都讲究全方位的服务；现在的外交往来，周旋在宾客之间，也要能有全方位的认识，才能不辱外交使命。

古代建一栋房子，只要找一组工人，从木工瓦匠，到油漆粉刷，都是一手包办；但现在讲究分工，运砖搬瓦，拌水泥，架钢筋，甚至油漆装潢，由于分工太细，或许品质比较讲究，但彼此之间互相联系不易，效率自然会有落差。

有的人做事，样样皆通、样样稀松；也有的人一理通万理彻，所以闻一知十，那就是全方位的人才。只是现在的社会，由于讲究"专才"、"专业"，所以要想找一个全方位的人才，已经不是一件容易的事了。

百科全书是全方位的知识，二十五史是古代中国全方位的历史。学习外文，听、说、读、写，是全方位的学习；运动场上，十项全能，才是全方位的体育选手。照相，有三百六十度的全方位照相；电影屏幕有三百六十度的大屏幕，带给观众全方位的视觉享受。

做人要学习全方位的认知。有的人在时间上，从过去、现在到未来，都能融会于心；有的人在空间上，也有南、北、东、西的全方位概念。总之，大至宇宙人生，固然有全方位的内容，小至个人一事一物，内中也有全方位的因缘关系。所以，做事，能够全盘了解，才能游刃有余；做人，能够全方位地观照自他，才能任运悠游。

一分钟

"一分钟"的时间有多长？说短很短，说长很长；荣辱、生死、得失之间，也是一分钟。

有的人不重视一分钟，甚至不重视一小时、一天、一年、一生，浑浑噩噩、糊里糊涂地过了一辈子；有的人非常重视一分钟，每天与时间赛跑，分秒必争。你看，青年学子赶着上学读书，唯恐迟到；公教人员为了上班，赶着打卡签到，他们都非常重视一分钟。

有的人会利用时间，一分钟他可以背一句成语，记一个英文单词，或者利用一分钟的时间，跟别人握个手，给人一个微笑，给人一句问好，这一分钟对他的人生来讲，可能无形中已增加了不可限量的收获。有的人在一分钟的时间里，他能解决国家、社会、团体的大事；有的人一年、一生，自己很多的问题他都不能解决，所以一分钟和一百年，对他而言又有什么差距呢？

医生提早一分钟替人治病，可以捡回一条生命；救生人员提早一分钟救溺，可能救活一个人；消防人员争取一分钟到火窟，可能救出一个活人。没有酿成火灾的星星之火，只要一分钟就可以扑灭；火灾扩大，一小时也救不了它。

有的人搭火车，差一分钟没有赶上，误了大事；有的人赶飞机，慢了一分钟，没有登机，误了旅程；有的人因为不守信、不守时，误了一分钟，错失了重要的约会。当然，地震、行船、走马，生死取决于刹那之间，你能说一分钟不重要吗？

争取一分钟，可能成就一件大事；一分钟，也可能坏了人的一生。例如，有的人为了抢一分钟，硬闯红灯、硬要穿越平交道，结果车毁人亡，后果不可收拾。

人生，当紧要的时刻，要争取一分钟，因为那一分钟救难解危，消灾免难；但也有的人过分计较一分钟，不让一步，也会产生严重的问题。所以"不急不急，安全第一"，虽是一分钟，也不能不把后果计算清楚。

时间就是我们的生命，人生虽有数十寒暑，但不都是一分一秒毫不停留地流逝吗？所谓"光阴似箭，岁月如梭"，有的人跟人讲话，长篇大论，啰嗦冗长，不但浪费自己的生命，也糟蹋别人的时间。

一些平常不珍惜时间的人，见到别人正在忙碌，他说："请你给我一分钟的时间，我有三个问题请教你。"或说："我有一个朋友要找你，请你给他一分钟。"一分钟怎能解决三个问题呢？一分钟就能打发一个客人吗？

　　最近刚落幕的世界杯足球比赛，赢球的队伍，他们多年的辛苦，就是为了最后的一分钟；许多竞赛场中，也有不少人精进不懈，最后一分钟终能扭转乾坤，反败为胜。

　　生命在呼吸之间，生死也是在分秒之间，所以虽是一分钟，究竟是短呢？还是长呢？时间的长短，其实在于人的运用。得失、荣辱、成败，你不能不去注意一分钟喔！

包袱

人生的包袱有多重呢？除了有形的大包小包的包袱，经常背东背西、运来运去以外，人生还有很多精神上的包袱、文化上的包袱、生活上的包袱、人情上的包袱。想想人生也怪可怜的，从小到老，一直都被包袱压得喘不过气来。

人际之间，别人对你很好，有人情上的包袱；别人对你不好，又有心理上郁闷的包袱。家庭生活，柴米油盐都成为经济上的包袱；人我是非，善恶好坏，也成为自己道德上天人交战的包袱。甚至贪瞋愚痴、无明烦恼，都成为心理上的包袱。

人，为了生活，除了不得已的许多包袱以外，有时还要自己找来许多文化上的包袱，例如有的人建房子，要看风水地理；创业开张，要看吉时良辰，这都是自找的包袱。甚至别人的一句话，就是自己的一个包袱；别人的一个脸色，也是心理上的一个包袱。人生活得也实在是很辛苦，为了背负人间的包袱，又怎能自在地生活呢？

我们要照顾自己身体的健康，身体就会成为我们的包袱；我们要顾念家庭的责任，家庭就会成为我们的包袱；我们应该要对社会付出关怀，社会也会成为我们的包袱；我们应该要忠心爱国，国家安全也是我们的包袱。

"有"也是包袱，"无"也是包袱，"好"也是包袱，"坏"也是包袱。但是有的人喜欢背包袱，因为包袱里虽然藏有烦恼，但也有些许的欢笑，例如父母背儿女，就是甜蜜的包袱。有的人要帮人解难扶危，就背负了一些不好受的包袱。

其实，佛教里对包袱的处理方法，就是当你要用包袱的时候，就提起它，当你不用包袱的时候，就应该把它放下。当提起时提起，当放下时放下；不如此，应该提起时你把它放下，就不能活用，应该自由自在的时候，你偏要背个包袱在身上，何等累赘呢？

所以，借用布袋和尚的人生观，作为我们做人处事的参考。布袋和尚每天背着一个布袋，他"大肚能容，容却人间多少事；笑口常开，笑尽古今多少愁"，甚至他常说："行也布袋，坐也布袋；放下布袋，何等自在？"布袋，就是包袱。一个人真能放下生活中的大小包袱，这样的人生真是逍遥自在啊！

数字的游戏

数字会说话，数字是个魔术！现在已经到了数码的时代，从国民所得的统计数字，可以知道一个国家的经济、国力有无前途、有无未来性；甚至官员的政经表现、问政成果，也可以从统计数字看得出来。

数字能让抽象的成果具体地展现出来。现在各种学科当中，也有一种统计学，可见统计学在这个时代很受重视。

你要竞选，要算一算自己的选票是不是有当选的可能；你要经营生意、投资理财，先要计算自己是不是有足够的成本。

有的人喜欢用统计数字来做演示文稿、说明，很怕别人不知道数据；但也有的妇女不喜欢谈数字，例如，年龄、体重、身高、三围、薪水、存款等。

有的人迷信数字，中国香港人喜欢"八八八"，表示"发！发！发！"；大陆人喜欢"六六"，代表"六六大顺"；医院里没有四号病房；电梯里没有四楼的标志；西方人提到十三日、星期五，认为是黑色的数字，不吉祥。

所以，现代人举凡手机、汽车的号码，都希望选八或六这样的好数字，不喜欢与死同音的四。其实，数字只是一个代号，吉祥不吉祥，还是要看各人另外的因缘关系了。

数字中，零最小，连一都不如，但所有数字后面加上零，就会呈倍数成长。数字对人生的意义，充满哲理、趣味。学生考试，分数要越多越好，名次却要越少越好；商人赚钱，钱要赚得越多越好，扣税却要越少越好。

在童年的时代，小孩子总是期盼过年，可增加一岁；但是到了老年的时候，只恨黄昏的岁月，难以停止脚步。

玩股票的人，每天只是在玩数字的游戏；乐透彩迷，每天也是不断地在算数字；银行家，自己并没有钱，只是每天在办公室里看数字；对一个富翁而言，财产也只是一堆数字而已。

人生，天天都在希望增加数字，房屋、土地、银行存款，甚至生儿育女，也希望数字能增加。但是，岁月也跟着这些增加，到最后什么都没有，又归于零。所以，生不带来，死不带去，数字，最后只是一场游戏罢了！

明镜

在古今的官员当中，对民间的冤情能够给予申诉、平反的人，大家就称赞他"明镜高悬"。宋朝的包拯，民曰"包青天"，就是一个例子。

镜子有典范之义，有映照之义，有警惕之义，有考察之义。当有人向你学习，就称"跟你借镜"；别人受了你的教言，就说谢谢你的"镜戒"，具有教诲、训示的意思。

明镜有多种用途，如三重明镜、汽车后视镜、公路转弯处的凹凸镜、观察微小物的显微镜、透视里层的透视镜、观看远物的望远镜、明白光色深浅的滤光镜，以及老年人的老花眼镜，医疗用的内视镜、照胃镜，甚至用于鉴察人心的照妖镜等。

有一些知名的艺人，在各种表演中，面对摄影机，假如特别出众，大家就说他很上镜头。我们对于一个人、一件事，感到失望，或出乎意料之外，就说"跌破眼镜"。有时自怨自艾，自己怨叹自己做人两面不讨好，就说"猪八戒照镜子"，里外不是人！

湖水寂静不起波浪，则说"湖面如镜"，清澈照人。镜子里的东西，虽然是外物映照后所呈现的本来形象，但常被喻为不实之物。所谓"镜花水月"，就像海市蜃楼一样，不具真实的意义。

其实，世间上的事事物物，就如古书小说的《镜花缘》所写，尽管你多少争执、多少计较，到最后不过如梦幻泡影，就像镜花一样，只是一场过眼云烟，实在不值得执着、计较。

真正的镜子，就是我们的心。所谓"身是菩提树，心如明镜台，时时勤拂拭，勿使惹尘埃"。即使是三重明镜，如果镜面落满了尘垢，也不能显现出本来的面目。所以我们要勤于用心拂拭，让心地光明，能够把是非善恶、轻重好坏，分得清清楚楚，才是心如明镜！

过去佛陀住世时，须达长者的媳妇玉耶女，生性贡高我慢，是一位骄慢的女子。有一天，佛陀拿了一面镜子给她，告诉她说："一般的镜子只照外貌，我的镜子能够照心。"玉耶女接过镜子，一看，过去自恃娇美，如今一照，才知内心丑陋无比。

唐太宗曾说："以铜为镜可以正衣冠，以人为镜可以明得失，以史为镜可以知兴替。"所以，我们应该时常用照心的镜子鉴照自己，如此，虽不成佛，也如同自己具备了大圆镜智！

脱困

两军作战，被敌人包围时，需要脱困；经济陷于困境，一文钱逼死英雄汉，也需要脱困。人生，很多时候陷于无法自拔的困境，都需要找出脱困的方法。

壁虎为了脱困，会自断尾巴；乌龟为了脱困，会把头缩进壳里，甚至为了脱困，它会装死；蜗牛为了脱困，一样会把头缩进壳里，也是一动也不动；刺猬为了脱困，会把身体团在一起，任你玩弄。

猫抓到老鼠，老鼠如何脱困？有一个笑话说，老鼠被猫抓住了，为了脱困，只好学狗叫。历史上有名的"三十六计"，都是脱困、致胜之计。例如"金蝉脱壳"就是在千钧一发之际，设法留下伪装的假相，以掩人耳目，然后暗中逃走，这就是金蝉脱困的方法。

汉朝的刘邦就曾以"金蝉脱壳"之计从"鸿门宴"脱身；春秋时代的齐顷公曾以"换装"，伪装成另一个人脱困。现代的人有以"整容"脱困,甚至很多人自杀、抢劫、偷盗,都是为了脱困,只是没有找对方法。

有的人陷入困境,不是被人所困,而是自己束缚自己,这时"解铃还须系铃人",如果自己无法放下,如何能脱困?佛经说,孔雀因为太爱护自己的羽毛,有一次不小心被粘住了,却舍不得把羽毛拔掉,因此不能脱困。有一个旅人,被老虎追逐,躲入井中想要脱困,这时头上正好滴下五滴蜜,旅人尝到了蜜,就忘记了自身的危险。所以,人生常常为了追逐五欲六尘的享受,一生被套牢,不能脱困。

有一天,佛陀到一个村庄说法,他对村民说了这样一个故事:过去有一只名叫欢喜首的鹦鹉,看到森林失火了,它就拼命地来回衔水救火,但是杯水车薪,森林大火当然灭不了。帝释天就来问它:"你一次只能衔这么小小的一滴水,哪里能灭得了大火呢?"鹦鹉说:"大火一定灭得了的,因为我的心愿比火还旺盛。如果今生灭不了火,我发誓来生也一定要把大火扑灭。"帝释天深受感动,于是帮助鹦鹉把大火灭了。这只鹦鹉就是佛陀的本生。这个故事说明,人有了困难,要靠自己的愿心,奋发图强,有力量就能脱困。

汉高祖与项羽争霸天下时,有一次被项羽围困在荥阳,这时韩信派人来向刘邦请求自立为代理的齐王。刘邦不禁破口大骂:"此刻我正被项羽所困,早晚盼着你来解危,你不来相救,还要求封王。"此时张良在旁,向刘邦使眼色,刘邦会意,知道此时只能先对韩信加以安抚，所以马上转换口气说："大丈夫当什么假王，要当就要当真王。"于是封韩信为齐王，而后得韩信之助，终于打败项羽而建立汉朝天下。

刘邦因为能忍，而能解除危机，因为能忍，而得脱困。所以，忍耐可以脱困、勇敢可以脱困、智慧可以脱困、慈悲可以脱困、放下可以脱困，甚至信用、人格、结缘，都可以脱困。当一个人具备了这些条件，其实也就不会被困难所困，自然也就无须脱困了。

亲情

世间上什么最可贵？"亲情"最可贵！

亲情，有父母的亲情、叔伯的亲情、祖父母的亲情，以及兄弟姐妹的亲情。亲情不一定人类才有，动物也有亲情。"虎毒不食子"，因为它们有亲情；"羔羊跪乳"、"乌鸦反哺"，都是为了亲情。

从亲情进而到认识关系而增加人情，如同乡之情、同学之情、同事之情、同党之情、同门之情、同文之情；只要有关系，自然就有一些亲情的存在。

亲情本来是伦理上的血缘关系，但是现在在血缘关系之外，例如养父母对养子女的养育之恩，有时候比生育的亲生父母贡献更大，亲情更深。

在中国的社会里，过去的学徒制，徒弟跟随老师学艺，也有师徒之情、师生之情。佛门里有剃度师徒、法脉师徒，都是从亲情又发展成为一种法情。所以，虽说"莫道佛门茶水淡，僧情不比俗情浓"，但是当你真正了解法情以后，会感到亲情只是骨肉上的血脉关系；法情是法身慧命的感情，又更超越一般的亲情了。如佛陀在他父王逝世的时候，他亲自为父担棺；为了怀念慈母，他到忉利天为母说法，报答亲情。尤其"目连救母"，更是中国妇孺皆知的亲情故事。

过去的伦理亲情，是做人的根本，像历代以来许多忠臣孝子，对父母的一句话奉行一生，对老师的一句话奉行一辈子。但现在时代不同了，人心不古，不但人情淡薄，连亲情也不像往昔的宝贵了。从媒体的报道，不少逆伦事件，子女弃父母于不顾，未尽孝养之责，甚至向父母需索金钱未获，对父母恶言相向，乃至刀棍齐来，真叫人感到不知今日时为何世。

孔子说："以孝治天下"；社会上有说："百善孝为先"；在佛教里有《父母恩重难报经》。所谓"树欲静而风不止，子欲养而亲不待"，孝亲要及时，我们何必等事后才来懊悔呢？在当下我们要想社会有秩序，家庭有伦理，人有古德之风，则提倡亲情孝道，实在是刻不容缓的事。

机会

机会就是机缘、机遇，人生总希望能遇到好的机会。机会好，能考上好的学校；机会好，能进入好的机关服务；机会好，能够遇到贵人相助；机会好，很多的因缘际遇都会接踵而来。所以，人的一生当中，有好机会，是非常重要的事情。

机会可能是一瞬之间，失去了就不会再来；机会，你要好好地把握它，不然擦身而过，就是有机会，对你也没有帮助。所以有一句谚语说："黄金随潮水而来，也要你自己早起去捞起它。"

人，要懂得把握机会，也要会制造机会。但是有的人制造机会，有的人把握机会，有的人只会等待机会，有的人甚至糟蹋了机会，让机会白白流失，不知好好把握。

历史上，诺曼底登陆，就是美国算准涨潮的时间，所以把握机会登陆成功；孔明借东风、草船借箭，也是在等待扬风、起雾的机会。

李莲英甘愿做太监，为了有靠近慈禧太后的机会，这叫制造机会；上流社会，他们有的结党、有的结拜、有的认亲、有的结盟，主要的就是希望彼此能够找到好的机会。

经商要有商机，为政也要有做官的人脉，如果没有人脉关系，俗语说："朝中无人莫做官"，没有奥援，即使做官也会遭遇许多的困难。

企业团体给人就业的机会，慈善团体给人做义工的机会；有的人给残障人士工作的机会，有的人给贫穷农村子弟升学的机会。

社会上有的人建立图书馆，就是给读书的人增加求知识的机会；有的人办美术馆，让你有审美观念而能升华性灵的机会；有的人办学校，也是给莘莘学子求学的机会；有的人办安养中心，让老人有颐养天年的机会；有的人成立生命线，让苦闷仿徨的人心灵得到救济的机会。甚至佛教的佛殿、菩萨圣像，给你礼拜，让你有一个自我观照和忏悔业障的机会。

"人身难得今已得，佛法难闻今已闻，中国难生今已生，善缘难遇今已遇。"世间上的人给我们很多的机会，我们也能带给别人好机会吗？

机会在哪里？机会在每个人自己的手中，在自己的眼前，在自己的脚下。机会并不是找来的，多培养福德因缘，种子播下去了，还怕不会开花结果吗？只要你培养因缘，总会遇到不可思议的机会。

万花筒

过去的农村社会里，物质生活普遍贫乏，儿童买不起玩具，就利用硬纸板和镜片做成"万花筒"，陪伴多少人度过美丽的童年。

"万花筒"是利用光学原理，由三块狭长的镜子，砌成正三角柱体，外面围硬纸筒，中间放些彩色碎纸，一头用毛玻璃封好，一头开孔，把筒转动，由孔中看去，颜色跟形态变化无穷，所以就会感觉到非常的有趣好玩。

现在的社会人生，就是一个万花筒，人有贤愚不肖，有贫富贵贱，有高矮胖瘦，有男女老少，有各种脸孔；事有大事、小事、善事、恶事、家事、国事；社会上有各种社团、各种活动、各种学校、各种语言、各种商店、各种产品……仔细观察，真如一个万花筒，让人看得眼花缭乱。

由于社会人生，有真有假、有善有恶、有贤有愚、有佛有魔，真是五趣杂居，不容易看得出来，这就是万花筒。就如我们在强烈的阳光下，仰天而视，只觉眼花缭乱；假如你能跳出万花筒外，才能见到真实的社会人生。

其实，在万花筒里的人生，归纳起来不外求名求利，甚至有一种人连求名求利的上进心都没有，每日只是醉生梦死，如猪马牛羊一样，除了水草饮食之外，别无所求。

社会上，也有的人自学修行，自觉已经"超越三界，不在五趣"，这样的人生也可能是"雾里看花不见花"；能用客观的心情观察社会，欣赏人生，才会有另一番的所见。

当然，对瞬息万变、错综复杂，有如万花筒的大千世界，有的人用放大镜看人生，有的人用显微镜看人生，有的人用望远镜看人生，有的人用透视镜看人生。但是即使用三重明镜来看社会人生，真的就容易看得清楚这个花花世界吗？

我们由于智慧不足，观察力不够，对万花筒里的社会人生，常常看得意乱情迷，随波逐流，看不到一个真实的面目，所以佛陀叫我们要看"心"，不必随着万花筒眼花缭乱，应随着真心自性，活出一个真实的人生来，此即所谓"返璞归真"才能找到自己真实的人生。

两个

三湘才子张剑芬居士，曾为悟一法师做一副对联："迷即众生悟即佛，二不成双一不单"，成为巧对！

但"二不成双，一不单"是为禅语。一是单数，二是双数，禅门另有超越数字的内容，所以"唯有一乘法，无二亦无三"，当然就"二不成双，一不单了"。

"二"又称"两"，两个人、两件事、两句话、两个国家。所谓"一个碗不会响，两个碗响叮当"；一是单纯，两个就有是非了。就算牙齿和舌头，本来在一个口中，应该可以相安无事，但因为是"两个"，牙齿还是经常会咬到舌头。

一个家庭里，夫妻同体，恩爱无比，一般人都羡慕"夫唱妇随"的眷属生活。但"两口子"还是偶尔要吵嘴，甚至离婚，法庭相见。将一对年轻的少年，形容他们"两小无猜"、"两相依存"、"两情相悦"；可是如果在大人之中，做媳妇的，可就"两大之间难为小"了。

两个团体、两个政党、两个村庄，甚至两个人，就要斗得"誓不两立"、"两不相下"，到最后鹬蚌相争，渔翁得利，所以"两败俱伤"。

再凶猛的老虎、狮子、大象，如果相争相斗，其结果如何，可想而知。人有了两件衣服，就不知如何取舍，不知哪一件才是时髦好看？人有两栋房子，就会心生分别，不知道要住哪一栋才好？人有两个老婆，则家庭战争必然不可收拾。

两个不是不好，两个要能有人领导。一双手是一个人的，可以合作做事，一双腿是一个人的，可以合作走路。但也有的人不善于决断是非，不善于处理复杂的人事，凡事"三心二意"、"进退两难"。

历史上，"两国对峙"，甚至"三国演义"、"五霸七雄"、"五胡十六国"，乃至五代梁、唐、晋、汉、周等，因为是"两个"以上，搞得中国的历史狼烟四起，人民好不辛苦。

一个不怕少，两个不算多；两个以上应该是更好。但是自我的包容，自我的领导，自我的处理，要能有分寸喔！

会读书不如会读人，
会读人不如会识人，
会识人不如会用人，
会用人不如会做人。

享受健康不如享受平安，
享受财富不如享受书香，
享受名利不如享受无求，
享受拥有不如享受施舍。

功成身退

现代人不想建立盖世的功勋，只想投机取巧，只想靠运气，无功而得。过去古人是无功不受禄，现代的人是恃功而骄，只要有一点小贡献，就希望获得赏赐，就想邀功。

过去的一些将领，像张飞跟其他武将经常争功不下，好在有诸葛亮居中调和；民国初年，军阀割据，划地称雄，挟功求赏，不以国家大局为重。

有的人在家庭里、在社会上功成不居，反而有人缘，受人爱戴；有的人争功要赏，反而给人看轻。所谓功劳、贡献，都应该是众望所归，如果有功的人，能够待人谦虚，不居功、不傲慢，在功成名就的时候，自谦、自卑、自下，则更为可贵。

孙中山先生革命成功时，已经登上总统宝座，但他衡量时局，仍然让位给袁世凯，此种功成不居的伟大胸怀令人叹服。

自古以来像这一类的开国元勋，能有此节操的人，如美国的华盛顿当了第一任总统，他不以为国家是他的，所以他能够把国家的主权交给人民。又如第二次世界大战时，英国的丘吉尔领导盟军作战，也建立了不世的功劳，但战争结束后，他虽然本身是保守党，不但没有趁机打压工党，反而让两党互相制衡，领导国政。

古代的张良，汉高祖靠他打下天下，当有了天下之后，张良提早洁身引退；像春秋的范蠡帮越王勾践复国，当功成事就之后，他反而引退去做陶朱公。

一个国家的元首，是多少人们在背后支持而成就，一个公司也不是董事长一个人便能成就整个事业，也是需要靠很多人的努力。如《金刚经》说，佛陀度尽一切恒河沙众生，而实无一众生可度。这是大菩萨不居功的精神。此种功成不居、功成身退的精神，也只有这许多圣贤伟人才能具有。

消化

　　人所以能生存、活着，主要就是靠消化系统的运转。消化系统一旦出现毛病，人体的其他器官也会跟着百病丛生。

　　消化系统主要是先吸收食物，再加以输送，然后分泌供需，才能达到适当的消化。消化系统从口腔用唾液润泽食物开始，到胃肠储存食物、分解食物，然后再靠小肠黏膜分泌各种酵素，之后再到胰脏分解食物的分子，紧接着要靠胆囊储存，并且浓缩肝脏所分泌的胆汁，再到大肠把浓缩不消化的物质排出，尤其直肠的扩张能促进排泄作用，将肠胃所不能消化的东西，全部排出体外。

　　人体的健康，要有健全的消化系统，如果消化系统功能发生障碍，滋养人体的饮食不能得到应有的供输，就如同马路被破坏，或交通阻塞，自然造成人车瘫痪的现象，就无法通行了。

　　其实说到消化系统，也不一定只有人体内的脏器，例如：人的大脑要消化知识，人的心灵要消化善恶是非，人的耳朵、嘴巴要消化道听途说；编报纸的人要消化每日的新闻报道；电视台的节目每天要消化声光画面；经济部门要消化物资的供输；财政部门要消化财政的赤字；各类工厂要消化产品的产销。尤其现在的各行各业，各个机关团体，对于消化预算，是一门很大的学问。

一个能干的主管，能利用很少的预算，做出加倍的成就；但是一个因循的主管，常常预算用不出去。这就如同人体没有分泌、没有消化，不能排泄，健康必定会出现问题。

人体不管吸收了什么东西，各个消化系统都能分工合作，把食物分泌消化，成为有益的营养。我们在世间所面对的人情冷暖，讥讽毁谤，各种染污身心的尘劳，自己也要懂得消化，也要懂得化解，才能净化身心。

现在废弃物的分类处理，即使是废纸，也能回收再利用，成为再生纸，甚至厨余也能当成猪食或肥料。所以，人要善于转化，要把一切称、讥、毁、誉、利、衰、苦、乐八风，都能消化，成为逆增上缘，才能不断成长。

消化系统并非人人都生就健康，要靠平时的保养、运动，才有健全的消化系统。可见人生对社会的各种五欲六尘，也需要有正知、正见、正念，才能消化世间的声色，免受污染。

不让一步

"让"是一个很好的美德，懂得让人先说、让人先吃、让人先有、让人先走，天下不就太平了？不让一步，相互损失，后果不堪设想。高速公路上的车祸，导致交通堵塞，不也是不让一步的结果吗？

在《伊索寓言》里，有黑、白两只羊，一天走到独木桥的中间相遇了，白羊不让黑羊先走，黑羊也不让白羊先过，由于彼此互不礼让，后来双双跌到河里溺毙了。

佛经里，形容一对愚痴的夫妇吵架，各不相让，谁也不肯先和对方讲话。一天夜里，小偷进屋偷钱，夫妇都不出声，甚至小偷胆大，调戏妇人，先生仍然为了赌气，也不肯开口先说话，结果为了不让一步，导致人财两失。

春秋战国时代的廉颇和蔺相如，因为老将廉颇不服文士蔺相如为相，所以将相不和，赵王也苦恼不堪。但是蔺相如虽然年轻，到底有修养，不仅处处让步，看到廉颇的车子，还绕道而走。旁人不解，便问：您身为宰相，为何要怕他一个将军呢？蔺相如回答：并不是我怕他，而是深知将相不和，一旦让外人知道，国家将会受到侵害；他是上将，有功于国家，我对他只是为国礼让，以求相安无事。此话传到廉颇耳中，廉颇不禁心生惭愧，因此"负荆请罪"，成为流传千古的美谈。

　　一条蛇，蛇尾向蛇头抗议：为何都是你在前，我在后？应该让我也在前面走走看。任凭蛇头如何解说，蛇尾还是不听，于是蛇尾便把尾巴绕在树上，让蛇头不得前进，蛇头只好妥协，让蛇尾走在前面。但是蛇尾根本看不到前途，于是跌落到深坑里饿死了。

　　古德云："手把青秧插满田，低头便见水中天；身心清净方为道，退步原来是向前。"得让一步的人，自然会知道，进步哪有退步高的道理喔！

华佗再世

　　相传三国时代的名医华佗，精通内科、外科、妇产科、小儿科、针灸等各科的医疗，他曾经使用针灸治好曹操的"头风眩"病，也曾为关公"刮骨疗毒"，享有"外科圣手"、"外科鼻祖"之称，成为医界的风范。所以今人赞美医生的医术精湛，常称"妙手回春"，或者"华佗再世"。

　　其实，现在也不只是医界里有"华佗再世"。今天举世能建最高大楼，能够开山凿洞，能够兴建海底隧道的，不就是建筑界的现代华佗吗？当举世经济呈现一片萧条萎靡，能让经济复苏的，不就是现代经济上的华佗吗？在外交场上能够折冲樽俎，屡有建树的，不就是今日外交上的华佗吗？在政治界能够融和党派，彼此制衡发展，不就是今日政治上的华佗吗？

　　由此类推，现在基层也有很多的再世华佗。例如：园艺专家能让花草树木再度枯木逢春，他就是园艺的华佗；病虫害防治专家能让五谷丰收，他就是农业上的华佗；动物保育人员能让濒临绝种的稀有动物继续繁衍生息，他就是动物界的华佗。

此外，计算机工程师能设计很多的软件程序，能让中毒的计算机再度恢复功能，他就是计算机科技的华佗；汽车维修人员能让抛锚的车子再度上路，他就是修车业的华佗；乃至教师能让学子迷途知返，他就是教育界的华佗；狱政人员能让受刑人知过能改，他就是狱政的华佗。

总之，各行各业，凡是能够化腐朽为神奇，能够具有起死回生之功，能够让棘手的问题获得解决，都是各行各业的再世华佗。

佛言："大地众生皆有佛性。"既然举世众生皆有佛性，今天各行各业为什么不承认自己行业中的"华佗再世"呢？现在的"再世华佗"其实到处都有，只是我们缺乏尊重与表扬。因为现代人不懂得尊重、赞美，不知道感恩别人的给予，总把人际间的相互帮助，把各行各业的互动往来，当作是一种买卖交易，一切都是银货两讫，因此把很多华佗的价值都给贬抑了。

韩愈说："千里马常有，伯乐不常有"；现代的"再世华佗"不是没有，只是缺少慧眼识"华佗"。尤其人类的嫉妒心，使得再多的华佗也难有出头之日。

"不相信华佗，就没有华佗！"我们不要让华佗在三国时代就永远地消失，我们为何不来找出现代人间许许多多的华佗呢？希望我们社会的各行各业，能够多多栽培，多多发掘人才，让更多的华佗再世吧！

矮小

现在的人都讲究高头大马，求职要问身高多少，从军也要调查身高多少，甚至妇女嫁人，也要问未来的丈夫身高多少。其实，身高也不一定是男人的专利，现在的女人也很讲究高矮，如空中小姐、时装模特儿，甚至连专柜小姐、电梯小姐，都有身高的限制。

人都不喜欢矮小，但矮小也有矮小的功用。打篮球的时候，所谓"矮脚虎"，都能做中锋运球，领军指挥。

矮的人一般给人形容短小精悍、神采奕奕。佛光山净土洞窟特地把入口的大门建得矮小，让高人想要进入，就非得低头而进不可。意思是要告诉世人，如西哲所言："宇宙只有三尺高，你要生存，必须要低头。"如果在诸佛菩萨之前，都不肯低头，此种傲慢人生，怎肯谦虚做人呢！

过去都说日本民族为矮人，但经过百余年来日本民族的人种改良，今日本的男女，与世界上的篮球高人、与世界上竞选环球小姐的高挑淑女比起来，毫不逊色。

世人大都知道拿破仑身材矮小，但拿破仑的功勋，赫赫威显，在欧洲又有几人能企及呢？中国的晏子，奉齐国之命出使楚国，他虽然人长得矮小，但他的智慧、言论、气势，使得傲慢的楚国也不得不向他低头。

在佛教里，东晋的道安大师，不但人长得矮小，而且其貌不扬，他编撰《众经目录》，引导青年徒众修学向道。当朝的名士习凿齿因不识道安大师而看不起他，当两人初次见面时，对谈中，习凿齿昂昂乎，称自己是"四海习凿齿"，之后再问道安，道安即刻回答："弥天释道安。"道安大师的机辩，让当时的名士也不得不被他折服，对他刮目相看。

现在最矮小的人要算侏儒了，多少的男女侏儒，不自馁，不自怨，一样地游走江湖，参加马戏团，参加特技表演。虽然供人取笑，但是他不失做人的尊严，一样可以巍巍乎！堂堂乎！在高人阵中穿来走去，也自成一族。

动物中，所谓"汗马功劳"，汗马就是一种矮小的马，却善于在战场上征战立功。人不在高矮，就如大树虽高，经不起风吹雨折；矮草虽然伏偃在地，但是它的生命力坚韧，又让人何其尊敬。所以，人不怕矮，只怕没有才喔！

传染

　　世间上什么最可怕？天灾人祸、三灾八难？其实最可怕的应该是传染病。

　　号称"世纪黑死病"的艾滋病，就是现在举世"谈滋色变"的一大传染病。其他如登革热、肺结核、肝炎、梅毒、疟疾等，也都是具有重大传染性的疾病。相对于这些可怕的传染病，感冒、香港脚虽然也会互相感染，但比之于上述，可说是小巫见大巫了。

　　传染病不但威胁到人类的生存，令人对他感到害怕、无奈。动物当中也有传染病，例如猪、马、牛、羊的口蹄疫，鸡、鸭、鹅的瘟疫，甚至植物也怕传染病。绿野林木，苍翠茂盛；一旦感染病虫害，可能一夕之间就会枝枯叶黄，残败凋萎。

　　二十一世纪的今天，世人最惧怕的就是核战争、生化武器、恐怖分子等，其实传染病更为可怕。造成人类、动物、植物等遭受传染病菌感染的媒介，大都由于空气、水质、土壤受到污染所致。

在科技昌明的时代，这许多的传染病媒原，乃至注射、输血等所造成的感染，都有办法加以防范、治疗。但是有些虫蚁、老鼠、蚊蝇、蟑螂所造成的传染病，却让人防不胜防。它们无时无刻不潜伏在我们的浴室、厨房等不易为人所看到的地方，悄悄地为人类带来灾难。甚至人体本身的细胞也会发生病变，造成自体伤害，所以人类的敌人不在远处，就在自己的身边。

一个人的情绪不稳，时常忧愁、悲伤、烦恼等，也可以感染给家人、朋友，这也是一种传染病。有一些人的思想不正，邪见无明、听信谣言，不但成为人体的传染病，更成为社会大众受害的传染病毒。

现在社会上有很多不当的流行，如染发、纹身、鼻孔穿洞、嗑药等，这跟古代的裹小脚一样，都是自我虐待，都是不好的传染病。一些没有正知正见的人士，受到了传染，自毁毁人，还不知道觉悟呢！

曹雪芹在《红楼梦》里说：雀儿往旺处飞！同样的，传染病也总是专门找落后的地区肆虐。现在一些先进国家，甚至全世界的国家政府，为了对治传染疾病，莫不投入大量经费、人力，积极研制各种新药物，乃至净化空气、整顿环境等，可以说都是煞费苦心。

身体上的疾病固然要加以防范，但是有一些传播媒体，不断报道一些烧杀劫掠、色情煽动等染污人心的新闻，这些不良的传媒，就如同谣言、邪说一样可怕。所以，我们希望维护人体的健康，要防治传染疾病的发生；我们要保障社会的健全，也应该防治传播媒体不肯自律之病。

一张纸

人降生到世界上来，究竟是为了什么? 说穿了，只为"一张纸"!

每一个人，从母亲怀胎十月之后呱呱坠地，医院就会开立一纸出生证明，然后还要急急忙忙地赶到地区政府机关报户口。长大之后，幼儿园的毕业证书，也是一张纸，到了小学毕业、中学毕业、大学毕业，都是为了一张纸。

男女结婚，要有结婚证书，要靠一张纸维系数十年的婚姻关系；如果双方情不投、意不合，要分道扬镳了，诉请离婚，也只是一张纸。更悲哀的是，人到死亡的时候，要去办理死亡证明，也是一张纸。

一张纸，功用很大。你的辛苦，你的努力，有时为了给你奖励，颁发的奖状，也是一张纸。法院里，判决书说你有罪，甚至税捐处开出罚单，交通警察说你违规，要你缴罚款，通通都是一张纸。

一张纸，会给你欢喜，一张纸，也会给你反感；是好是坏，都是为了这一张纸。你看，许多人的职业，考取了一项专业，最重要的是一纸证明。行医要有执照，驾驶要有执照，律师要有执照，甚至厨师会得做菜，也需要执照，理容师会得理发，也需要有执照，乃至调酒、调咖啡的餐饮业，也都需要一张纸的执照。

一个人，有了证明职业专长的这一张纸，工作容易找，到处受人欢迎，因为有专业能力；如果少了一张纸，真是走投无路，拜托无门。有的人拥有多少土地，那许多的所有权状，也是靠一张纸的记载；拥有多少房屋，也是要靠建筑执照的一张纸。可以说，一个人拥有多少财富，就看你拥有了多少的"一张纸"。

人与人之间，为了维护彼此的信用，有时要靠一纸契约来约束；国与国之间，所定的平等、不平等条约，也都是要靠一张纸。社会上，许多平民百姓，每天都在指望数钞票；有钱的大富豪，每天都要开立支票。数钞票也好，开支票也罢，不管多少，说穿了，都是一张纸。

现代的人，为了替人作保，在一张契约纸上盖了印，他就有了法律的责任，甚至在支票上的背书，也是为了一张纸。但一张纸可能让你赔了夫人又折兵，甚至倾家荡产，失去所有。

现在的旅行，要申请一本护照，要得到一份签证，有时也是一纸难求。人生有许多重大的问题，固然难以参透；就是一张纸，有时也会弄得你团团转。所以，我们在现代社会里生活，虽然只是一张纸，但它的功能、力量，也不容你小看喔！

往好处看，往大处想，往细处察，往深处解。

只说不如身行，生气不如争气，
妒他不如学他，认命不如拼命。

一条心

在世间，友谊的建立、事业的合作，都需要一条心；人能同心，友谊才能永固，事业才能永续经营。但是"人心不同，各如其面"，世界上要找出两个相同面孔的人，已经非常不容易，何况要找出两个同心的人，就更为困难了。

一般说来，在利益价值相同之下，容易同心；在亲情家族关系之前，容易同心；在思想观念取得共识之后，容易同心；在信仰达到一致之时，容易同心。有相同的一条心，就能同舟共济，就能"团结就是力量"。像拔河、划龙舟，不就是靠着大家齐心协力，才容易取胜的吗？

从历史上看，夏朝的"少康中兴"，因为有五百人矢志忠心护国；越王勾践的复国，也是靠着全民一心，同仇敌忾。抗日战争时，在上海的八百壮士誓守四行仓库，他们就是一条心。所谓"打虎捉贼需要亲兄弟，战争打仗也要父子兵"，这都是说明一条心的重要。

两头蛇、共命鸟，甚至连体婴，如果同心，就能存活；如果各怀异志，心意不同，则离死亡也就为期不远了。西晋的"竹林七贤"，各具异能，民间传说的"八仙过海"，各显神通，因为大家没有一条心，对世间不能有所贡献，也就难以留下历史的记录。

瞎子、聋子、跛子，要能同心，才能逃出火宅；雇主和员工，要能劳资合作，才能赚钱。我们看一群蚂蚁，大家忙碌地搬运粮食，由于它们懂得集体创作、重视团队精神，所以在彼此一条心的努力之下，就能储粮过冬，就能无事不办。

在非洲有一种狗，只要其中一只受到攻击，犬群随即同心，奋起驱逐敌人，因此即使是百兽之王的老虎，见到它们集体成群时也不敢轻易侵犯。反观斑马、羚羊、梅花鹿，由于不能同心，所以一遇到老虎、狮子、花豹等强敌，很容易就成为它们饱餐一顿的猎物。

现在社会上一些团体的组织、事业的巨子、群众的结合，都是因为异见、异心，所谓"各怀鬼胎"，往往成就有限。其实"兄弟同心，利能断金"，兄弟两个人同心，就能齐力断金，何况大众一心、意志一致，所谓"众擎易举"，不就是靠一条心吗？

因此，希望我们的社会，不管哪一个社团、哪一个企业、哪一个组织，如果要保命、保家、保全体的利益，不要以为个人的力量就能成功。独木难支大厦，唯有万众一心，大家齐心戮力，则何患所做不能成功呢？

缝补

衣服破了要缝补，袜子破了要缝补；衣服鞋袜乃至锅碗瓢盆坏了，都要补一补，才能再使用。

人世间没有十全十美的东西，很多时候都需要"补"。比方说，现在的能源不够，所以要建核电站，以做能源的补充；现在经常发生水灾、火灾、旱灾，甚至泥石流、地震、台风等灾害，总要有所补救。

现在的军人，戍守外岛，总要给予补给；编报纸、杂志等各种刊物的人，需要有许多的俚语、譬喻、小故事作为补白。二二八受难人员的家属，以及许多的冤狱，现在都要求补偿；薪水待遇不足的公务人员，也希望另外给予补贴。

学生要求补习，甚至要参加补考，请求补假，总希望事前的不足，事后能得到补救。社会，甚至个人，能懂得有所补救，总算是好事，尤其做错事的人，感到一时糊涂，事后懊悔，总想能够有个补救赎罪的机会。佛教有许多补过赎罪的方法，例如忏悔发愿、发心效劳、喜舍功德、惭愧知耻等，总希望对自己的过失有所弥补。

世间有很多人，读书不如人、做事不如人、说话不如人、聪明才智都不如人，慨叹自己的笨拙，总想振作，因此用勤奋来补不足，也都能有所改善，此即所谓"勤能补拙"。

缝补、候补，都是不得已的事；"亡羊补牢，犹未晚也"。可是有很多人已知犯错，却不知道要缝补，硬让裂痕加深，更使破洞扩大，实在是不智之至。

说到补，要讲究时机。洪水泛滥，要赶快补洞、补缺、补漏；时政弊病太多，从政者要赶快补救。如果不能抢先应时救弊，一直拖延不决，就算补偏救弊，也无补于事。

人与人交往，互相恳谈不够，再写一封书信，弥补前言不足；往昔对人有所亏待，当自己环境好转时，总想对不起人家，我们应该尽心尽力，给予他们一些照顾，弥补当初的愧疚。

人，不要吝于施舍，也不要吝于说句好话；给人一个微笑、一个点头、一句道歉，乃至一张贺年片、一份生日卡，对于促进彼此的友谊，总是不无小补。

缝补是不得已的事，因此最好能在物品损坏之前，好好地爱护它。所谓"预防重于治疗"，用预防来代替缝补，更为重要。不过，缝补也是重要的工作，尤其现在社会上的好言、好语、好话、好事太少，所以每个人的人格，更需要缝补。

免疫力

　　现在的社区、公寓大楼里，都雇有警卫人员全天守护，以防宵小及闲杂人等混入，威胁到住户的安全。人体上也有一个防御系统，防止有害病菌入侵，危害到身体的健康。这个防护人体健康的系统，就是"免疫力"。

　　免疫力，浅显一点说，就是一种抗体，能抵抗外物的侵入。在一般正常人的体内，均有许多好菌，可以抗杀不好的病菌，这就是抗体。例如有的人着了凉，很容易感冒；但是有足够抗体的人，小小风寒对他不起作用。甚至有一些传染病，如肺病、肝病、疟疾等，如果缺乏抗体，就容易受到感染；假如自体能产生抵抗病菌的抗体，则不会轻易被传染。

　　根据研究，人体上大约百分之九十的疾病，都与免疫系统失调有关；免疫系统就如一支训练有素的精锐部队，捍卫人体的健康，他能保护身体免于病毒的侵袭，还能清除代谢后的废物，并且修补受损的器官、组织。

一般医院里，医生都会使用各种药物来增加人体的免疫力，甚至还会指导你学习各种保健方法。例如：充足的睡眠、每天运动三十分钟、按摩身体、开怀大笑、放松心情、摄取各种维生素等，都可以增加人体的免疫力。哈佛大学医学院的教授更明确指出，有宗教信仰的教友，身体普遍比没有宗教信仰的人来得健康。

其实，不但身体需要有免疫力来对抗病菌，我们的心里更需要有抗体来抵挡各种是非谗言的病菌，抵挡各种色情诱惑的病菌，抵挡各种得失成败、人我臧否的病菌；免疫力不强，我们即会深受其害，所以我们要强化自己的免疫力。例如一个修行的人要有般若智慧，才能对抗无明愚痴；要有禅定的抗体，才能不为外境所扰乱；要有戒律的抗体，才能去除一些不该犯的过失，所以戒定慧就是一个修行者的抗体。

在佛教里，如地藏王菩萨能到地狱度众生，不为地狱所染，因为他具有免疫的抗体；像观世音菩萨能自由自在地游诸国土，不怕邪魔侵扰，反能救苦救难，因为他免疫的抗体很强；像维摩居士能入酒肆淫舍度众生，也因为他有免疫的抗体；像一个禅者如果不能到十字街头教化而无动于心，不具备抗拒外界干扰的功能，如何能成为一个禅者呢？

首次在亚洲举办的世界杯足球赛，我们看到守门员能上能下、能左能右，严密把关，不让对方有机会把球踢进球门，守门员要有这种防守的功夫，才有免疫力，才能免受对方侵害。

现在社会上的病菌，几乎到处充斥；免疫力不强，我们即会受其伤害。因此，强化免疫力，可不慎乎？

投入

　　人在出生的那一刻，是投入哪一个国家、哪一种民族、哪一家父母，都不容许你选择；但是一旦投胎为人，有了国家、民族、父母以后，其他各种人生的投入，就有待自己的因缘了。

　　例如，你投入婚姻，是否两情相悦，能否厮守终生？常常在报章看到离婚启事刊载："我俩因个性不同、性情不合，今经协议，双方同意离婚。"这就是错误的投入。

　　有时投入某个行业，不但嫌待遇微薄，而且怪长官不仁、事务不合兴趣。其实不要光怪别人，只怪自己当初不该做错误的投入。有的人投入不合自己理想的学校或科系，再三地想要转校换系；因其已经投入，再想转换就难了。有的人士、农、工、商，一经投入，再回头已经浪费了多少年轻岁月，要想另起炉灶，谈何容易！

　　有一部电影叫做《上错天堂投错胎》，人生有时候一次错误的投入，往往造成后面一连串的错误。投入当然也有好与不好，投入好的，自然不想回头；投入不好的，则难免慨叹"一失足成千古恨，再回头已是百年身"。

现在参加政党也是一种投入，选举时选择加入哪一个阵营，也算投入。持有选票的选民，虽只投了一票，不但影响自己，也影响社会，所以是好的投入，还是错误的投入？不得不小心谨慎。举世的政坛，常常在选出后又发动罢免，那就是当初选举时错误的投入。

有的人用金钱集资经商，这是资本投入；情侣谈恋爱交朋友，投入的是情意。有的人信仰宗教，由于自己投入很深，希望得到回报；一旦没有如愿，就认为投入信仰是错误的选择。

对任何事情有了兴趣，投入多少时光岁月，最后一事无成，就慨叹自己错误的投入；花费多少精神、思想，从事学术研究，最后没有功成名就，也慨叹自己错误的投入。

因此，多少人在人生的发展过程中，都怨叹自己不当的投入。其实，"站在此山望见彼山高，到了彼山没柴烧"，所谓天下乌鸦一般黑，你要找什么样称心满意的投入，此实难矣。

经云："心净则国土净。"往生东方琉璃世界，这是投入；往生西方极乐净土，也是投入。只要你自觉心甘情愿，什么样的国家、什么样的民族、什么样的父母、什么样的职业，都不重要；重要的是自己的心意，能够自发性地欢喜投入，不后悔、不懊恼，勇往向前，那就是正确的投入了。

力量

　　人有人力，物有物力，大自然有大自然的力量。力量就是一种能源，你内心里有什么能源，就能产生什么力量。但也有的人内心没有能源，只好借助外物来发挥力量，所以不同的人，也有不同的使力之道。

　　在佛经里举出，小孩以啼哭为力量，妇女以娇媚为力量，武士以刀剑为力量，国王以权势为力量，罗汉以忍耐为力量，菩萨以慈悲为力量。

　　现代的人，有人以道德力服人，有人以忍耐力处人，有人以权力压人，有人以财力使人。人不能没有力量，就像建筑物不能没有承载力；没有力量，就无法支撑重物，所以现在的"力学"已经成为学校里的专门学科。

　　大自然之间，水有水的力量，火有火的力量，风有风的力量，太阳也有它炎热的力量。大自然以外，就以人的力量最大。人有权力，人有财力，人有武力，人有暴力，甚至还有潜力、想象力、生命力。但是什么力量都没有心力来得大、来得广、来得无限无量。

所谓心力，心力一发，就可以发挥慈悲的力量、惭愧的力量、发愿的力量、禅定的力量、智慧的力量。所以各种经论都说明"五根"、"五力"，意即从我们的心为根本，所发出的信仰力、精进力、意念力、禅定力、智慧力五种力量。

但是，也有的人不懂事，只追求心外的力量，不知道心力之庞大，像"愚公移山"、"鹦鹉救火"，可以说都是菩萨的愿力。

力量，先求其自食其力，而后能利人助人。有的人天资素质不如人，但他力争上游；有的人读书苦学，力求上进；有的人遇到艰难困苦时，力挽狂澜。科学家做研究时，也要力求精确，可以说，凡是要想出人头地，就必须要能不遗余力地勇猛精进，勇往向前，所以世间无难事，只要有"力"人。

在自然科学里，有"借物传力"、"隔空使力"，力量是用不完的。只是力量就像流水一样，需要涓涓细流，保持实力。正如拳头不要打出去，就有实力；眼泪不要流出来，就能化悲愤为力量。

人生不要靠学历，要靠学力；人生不要靠武力，要靠智力；人生不要靠势力，要靠能力。所以，我们要寻找力量吗？岂不在我自己乎！

影子

　　凡是实物，经过阳光或灯光的照射，都会显现影子。影和形是分不开的，所以形容两个人焦不离孟，就说"如影随形"；表示办事成效快速，就如"立竿见影"；有了隐情不便明说，就用"暗语影射"或"含沙射影"；对于昙花一现的短暂现象，就说"浮光掠影"，或说"终成泡影"，意谓世事无常。

　　影子与人的生活关系密切，从许多成语可以看出。例如有了是非谣言，总是"绘声绘影"；错认事实，成为"杯弓蛇影"；不识真相，随便道来，都是"捕风捉影"。甚至有时候我们也会生活在别人的阴影下。不过，影子并非全然不好，有时候我们也要高大的影子遮阳、保护。如日正当中，阳光直晒，酷热难当，这时候山的影子、树的影子、房屋的影子，都能给我们阴凉，所以有时也要感谢这些影子。

　　有形的东西有影子，无形的东西没有影子；心没有影子，但是心有"影响"。心中的思想，可能比身形的影子，更能影响别人。甚至自己也会疑心生暗鬼，而出现"鬼影幢幢"。

影子总是虚而不实的形相，诗云："达摩西来一字无，全凭心地用功夫；若论人我是非处，笔影蘸干洞庭湖。"可见心的影子，具有重要的影响力。

影子有时也不一定是自己的身形所现，有的人成为别人的分身，为人传话，就成为别人的影子。不管是自己的影子，或是别人的影子，影子都是随着本尊而出现，离开了本尊，就不成其为影子。李白诗云"举杯邀明月，对影成三人；月既不解饮，影徒随我身。"面对影子，有时也会平添"形单影只"的悲凉。

有的西方国家，在野党为以后掌握政权而组织的"内阁"班子，被称为"影子内阁"。一九○七年英国保守党的J.A.张伯伦首先使用了这个词。影子内阁由议会下院中获得次多数席位的反对党领袖，挑选该党在下院中有影响的成员，按照内阁的模式组成。在议会进行政策辩论的时候，影子内阁的各"大臣"就有关方面发言，并领导该党议员的活动。

利用影子的光学原理，也可以发展出艺术的表演，例如皮影戏就是透过灯光，将纸或皮制的人物剪影照射在白色的屏幕上，表演的人在幕后操纵剪影，使其上下左右，各种动作，惟妙惟肖，成为中国民间独特的艺术。

现代的科技进步，许多媒体无不利用光影成为传播的工具，例如电影、电视，甚至有影印、影本、影像，无不以假作真。一场电影，可能早已时过境迁，但灯光声影赚得万千人的感动热泪，可见人很难走出别人的阴影。

　　影子不但随人，而且紧紧扣住我们；一个人如果不能超越影子以外，要想找到真实的自我，此实难矣也!

秘方

中国人是一个爱用"秘方"、相信"秘方",甚至制造"秘方"的民族,中国有许多的"秘方",又称作"不传之秘"。

所谓"秘方"者,就是秘而不宣、隐而不公的妙方。世间凡事、凡物,只要经过专人研究,发现其中的物理之奥妙,能够公诸于世者,就成为科学知识;不肯公开,就称之为"秘方"。

十九世纪末德国的伦琴发现了X射线的原理,他即刻宣布X射线为全体人类所共有;居里夫人发现了镭元素的提炼法,立刻提供出来造福全体人类,他们不希望以此申请专利,获得财富。

过去中国人发明火药、指南针、造纸,也都公诸于世界,这许多伟大的发明,直至今日还让中国人扬眉吐气于世界。但不知从何时开始,中国人一直保有很多的秘方,不肯公开成为全人类的财富,例如有许多治病的秘方、养生的秘方、美容的秘方、增高的秘方、瘦身的秘方,甚至学习语言的秘方、生男育女的秘方,乃至做菜的秘方、种植的秘方等。

自己拥有的知识、方法，不肯公诸于世，到最后所有的秘方都随着自己进入棺材，与世不传，实为可惜。像过去的武林人物，都讲究独门武功，各门各派均有其特殊的招术，称为不传的秘笈。

秘方不外传，有的固然是担心所传之人的人品、操守不好，秘方被利用后将危及世人，但绝大部分是为了保有私人的利益，所以过去中国人的观念里，便有"传媳不传女"的说法，因为媳妇是自家人，女儿嫁出去会把秘方外传，所以亲生女儿都不能得知秘方的内容。

其实，知识应该是公共财富；现在举世各国，为了提倡科技的研究，都设有"专利权"，一面保障个人的智慧财产，一面也让"专利"受到时效的限制，不致成为不传之秘，此即"你有政策，我有对策"也。

现在社会上医药的秘方众多，像万金油、绿油精、五分珠、龙角散、西瓜霜、正露丸、云南白药、金十字胃肠药等，他们都有专利的保障，也保有秘方。相较于伦琴X射线的发明和居里夫人镭的发现，他们不为一己之私，肯将一切公诸于世的精神，真是令我们汗颜。

不过，现在世界各国的商人，也都群起效法中国人的秘方私有，如百事可乐、可口可乐、麦当劳汉堡、星巴克咖啡等，他们也跟永和豆浆一样，成为不传之秘，你要吃豆浆，只有到永和去。

在《六祖坛经》里有人问惠能大师："上来密语密意外，还更有密意否？"惠能大师答云："与汝说者，即非密也；汝若返照，密在汝边。"秘方就是各人自己的智慧，只要找到自己的智慧，又何必在乎别人的秘方呢？

守得住

两军对峙，一军在城内，一军在城外；当城外的军队发动攻势，我们就为城内的军队挂念，他们"守得住"吗？体育场中，足球、手球都有守门员，守门员守得住，才能封锁对方进球得分，所以守门员被比喻为"擎天一柱"的守护神。

说到"守得住"，祖先的产业传给子孙，子孙守得住吗？死去丈夫的妇女要守节，她能守得住吗？中国社会倡导"守"，的确是有它的重要性。做人要"守时"、"守信"、"守节"、"守道"、"守法"、"守孝"、"守份"、"守贫"。"守得住"的人才能为人所尊重，"守不住"就如同黄河决了堤，名声就会随流水而去。

过去我们赞美别人"守口如瓶"，表示他能令人信任；有的人"守住岗位"，所以能让人放心地交托任务，有的人"守住善事"，也为人所敬重，有的人"守正不阿"，更被尊为圣贤君子。

其他如"守经达变"、"守望相助"、"苦守贫寒"，也都获得社会的赞美。但是，有的人"墨守成规"，有的人"守株待兔"，有的人"守财不舍"，就让人不敢恭维了。

现在的党派要遵守党纪，军人要严守军规，宗教家要持守戒律。甚至过去我们重视青年，所以有"青年守则"十二条：

一、忠勇为爱国之本

二、孝顺为齐家之本

三、仁爱为接物之本

四、信义为立业之本

五、和平为处世之本

六、礼节为治事之本

七、服从为负责之本

八、勤俭为服务之本

九、整洁为强身之本

十、助人为快乐之本

十一、学问为济世之本

十二、有恒为成功之本

我们希望做一个好青年，乃至民众不分男女老少，其实都应该把"青年守则"的内容认识清楚，认识了解之后才能守得住，守得住的人才能付诸实践。

在"守得住"的条件当中，尤其要靠内在的节操、信义、人格、道德，才能持续恒久地坚守下去，否则所谓"创业维艰，守成不易"，一个人如果不能遵守时间，不能遵守诺言，不能遵守法制，不能遵守道义，此人就会人格破产，不易为人所尊敬。所以，佛门倡导"摄心守意，不犯他人"，你都能"守得住"吗？

白猫黑猫

春秋时代，与伯乐同为相马名家的九方皋，有一次受秦穆公之托，帮忙寻找稀世名驹。经过一番工夫，九方皋终于找到一匹千里马，赶紧回报秦穆公。秦穆公问："您找到的名驹是什么颜色？是母马还是公马？"九方皋回答："是一匹黄色的公马。"秦穆公马上兴冲冲地前去看马，却发现原来是一匹黑色的母马，当下很生气地质问九方皋，九方皋不慌不忙地说："我是没有搞清楚它是黄色、是黑色，是母马、是公马，不过我很清楚它是一匹好马。"秦穆公半信半疑地派人试骑一番，结果发现这匹马奔腾如飞，疾如流星，果然是一匹难得的千里马。伯乐知道后，不禁赞叹说："九方皋不愧是一位相马名师，在他眼中只有良马、劣马之别，根本懒得理会马的性别与颜色。"

这一段故事说明，一个人只要有一技之长，就非常难得了，不必要求它既合乎这个条件，又要合乎那个要求，所谓"样样皆通、样样稀松"，又有什么用呢？

我们请一个会计，他是记账算钱的，我们不要问他：你会不会扫地？你会不会洗碗？这就多此一举了！一个弹奏乐器的人，我们或者请他做指挥，或者问他会不会唱歌，总想找一个全才，甚至"又要马儿好，又要马儿不吃草"，此实难矣也！

有一个文学家问船夫："你懂得文学吗？"船夫说："我不懂！"文学家说："那你的生命已经失去一半了。"船夫反问文学家："你会游泳吗？"文学家说："不会！"船夫说："那么等一下船沉后，你的生命就全部没有了！"

这是一个分工合作的社会，猫会捕鼠，管它是白猫还是黑猫，只要能捕鼠的，就是好猫。甚至不管白猫也好，黑猫也好，未必捕鼠就是好猫；只要有威，让老鼠不能横行，就是上等的好猫。

所以，养猫之家，没有老鼠。养猫不一定要捕鼠，能让家里根本没有老鼠，就是好猫；能捕鼠，表示你还是有缺点，因此才会让老鼠横行，才要你捕。

此亦说明，要想做一只好猫，必须要有德、有威、有力、有慈悲，不然纵使能够捕鼠，但遇到一只凶猛的恶犬，不管白猫也好，或是黑猫也好，可能也会死于犬爪之下。所以，好要有条件，如佛教云：要有神通必须要有戒律，必须要有禅定，必须要有慈悲，才能有神通。

因此，一个人不要自以为很能干，就要强出头，所谓"出头的橡子会先烂"；美貌的女子所以被人泼硫酸，因为太美，因此

"天妒红颜"，就会有许多的不测。所以，太强、太好、太美、太能干，也不见得是好事；懂得韬光养晦、养德养威，才是做人处世之道。

吸收与排斥

磁铁的正负极，异性相吸，同性相斥。但是也有一说"物以类聚"，思想相同的两个人，就能相互融和、相互吸引。

"水火不容"，水和火虽然互不兼容、互相排斥，但是从物理学上来说，水中有火，火中有水，"水火同源"的时候，也不是绝对不能同在一起，也不见得互相排斥。

地、水、火、风，称为"四大"。四大不调，就会离散，就会生病；犹如思想不同，当然就会相互排斥。

万物有相互吸收的功能，固然很好；相互排斥，各司其用，也不一定不好。就如塑料袋与海绵，有的人的性格像塑料袋，有的人的性格像海绵。

器官移植最怕排斥，但是也有不排斥的器官。等于有的人好听谗言，但也有的人不好听谗言。好听有好听的因果，不好听有不好听的缘由，所以吸收与排斥，各自有其因果关系，不一定要处处相同。

有的人同行是冤家，但也有的人同行是至亲好友，不要把同与不同看得太严重。当然，最好的结果是"同中存异，异中求同"；如果不能，就让他"撒旦的归于撒旦，上帝的归于上帝"。

有的人听到忠言劝告，就会如获至宝，给予对方万分的感谢；也有的人听到一些劝谏、指教，就如芒刺在背，如梗在喉，感到浑身不自在，甚至忿忿不平，产生疑嫉，与对方断绝交往。

人间有很多东西，是我们应该要吸收的，例如知识、技术、善言、慈悲、道德，一生能吸收，愈多愈好；应该要排斥的，如是非、恶习、懒惰，凡是染污的都应该要排斥。

善人对善言，都能吸收，对恶言就会排斥；恶人对坏话，就能吸收，对好话，反生排斥。所以我们应该吸收人间的善言、善语、善事；排斥恶言、粗言、妄言。

释迦牟尼佛成道之前，吸收婆罗门的教义；自古以来的圣贤、仁人君子，对知识凡是好的，都要吸收，不好的都要排斥。当吸收，则吸收；当排斥，则排斥。当得做海绵的时候，就做海绵；当得做塑料袋的时候，就做塑料袋。人应该建设能吸收、能排斥的观念，才能过一个中道的人生。

管理三部曲

现在管理学非常流行,管财、管人、管事以外,尤其讲究专业的管理,如:医院管理、学校管理、图书管理、工厂管理、财务管理等各种管理,但是管理学最难的,还是人事的管理。

人事的管理,应该按照三个步骤:

第一个步骤应该用"情"管理,因为父母管儿女也要有爱,老师管学生也要对他保护,长官对部下也是要给予关心,他才肯接受你的管理,没有爱心,他不服气,就难以管理了。

但是,太重情爱的管理,他没有畏惧,不肯折服,这时就必需要讲究"理"了。现在的伦理,长幼有序、尊卑有别、上慈下爱,乃至主管部属做事的程序、次第等各种道理,也能折服被管的人。

如果,当道理也不再行得通的时候,只得仰仗于"法"了。所以国家定有法律,甚至军有军法、商有商法、教育有教育法;只有法,最后才能公平、平等地把人、事管好。

其实，在各种管理当中，最难管理的是"自我管理"；自我管理当中，尤以"情绪管理"、"心理管理"难度最高。管理学当中，人理、事理、物理都还好管理，就是自己的心理、情绪、欲望的管理最难。自性的管理变化莫测，难以管理，所以有人说：一个能统理百万大军的将帅，一个能在政治上一呼百应的政治家，看似无比神气，其实回到家中，却统领不了自己的老婆；即使有办法管理自己的老婆，自己的真心也难以管理。所以儒家讲：修身、齐家、治国、平天下，但是心没有管理好，心不正，又怎么能管理其他呢？

佛教里有很多的管理法：四摄法的管理、六度万行的管理、八正道的管理、戒定慧三学的管理。其实现在的管理，可以学习松下幸之助的管理法：当他管理公司一百名员工的时候，他自己身先士卒，以身教来领导员工一起打拼；当员工达到千人的时候，他和员工分层负责，共同打拼；当员工有了一万人的时候，他在员工后面合掌，感谢大家，祝福大家，这实在是深得管理学的三昧了。

成就

　　人在世间，种种的辛苦，种种的营求，无非希望自己能有所成就。

　　学子读书，为了金榜题名；商人经商，为了获利致富；科学家埋首于研究室，主要是希望能在科技的世界里有新的发现；农工辛勤耕耘劳作，也是为了获得丰收，有增产奉献的成就。

　　成就，人人所求！然而世界上五十亿的同胞，至少每一个时代都有数以亿计的人口，每个人都能有成就吗？成就，不管你从事哪个行业，如果你自私，你就没有成就；如果你懈怠，你就没有成就；如果你无知，你就没有成就；如果你短视，你就没有成就。

　　成就，要尊重别人，集体创作，共同成就，才为可贵。成就，必须要有益于国家社会，有益于全民大众，才有成就；成就，必须能增加民族、社会大众的荣耀，才有成就。

　　成就，要给人家怀念、赞美，才是成就。像仓颉造字，成就人类的文明；像嫘祖养蚕，成就现代人衣着的文化；像鸠摩罗什的译经，成就了现代万亿佛教徒的诵经修持；像唐三藏的唯识思想，成就了世间的唯心法门，开拓了人类的思想领域。

程氏兄弟、王阳明等人研究禅学，终于成就宋明理学；谢灵运、苏东坡因为研究佛学，终于成为文学大家。古今中外，历代皆才人辈出，他们的成就，除了自己的天分、努力以外，还要靠历史背景与前人的经验，加之于自己背后还有很多的助缘，所以一份成就，得来并非容易。

我们不要妒嫉别人的成就，我们要尊敬有成就的人。即使建筑一栋大楼，我能贡献一颗螺丝钉；即使创作一部伟大的著作，我能参与当中的一篇校对；一场卫国的战争，我是里面的擂鼓呐喊者；一场民主的选举，我在选举中投了一票，都要感到这是集体创作的成就，我都要感到与有荣焉。

美国阿姆斯特朗登陆月球，不是他一人的成就，是美国整个科学界的努力；早期苹果计算机发行，是多少科学人员的集体成就；在世界上的各种成就当中，我能参与一些因缘吗？

为什么

在人际往来的对话当中，一般人使用最多的语言，就是"为什么"。从小孩子学习开始，他就有很多的"为什么"：为什么会刮风？为什么火会烫人？为什么水好冷？为什么肚子会饿？他对一切世事都感到很好奇。

及至长大，对人表示关怀，都问：你吃过饭了吗？你来找我有什么贵事吗？你身体好吗？你最近在哪里春风得意呢？责备他人时，都问：你为什么这么无理？你为什么这么自私？你为什么发脾气？你为什么迟到？你为什么到现在还没有做好？你为什么借钱不还？你为什么这么粗鲁凶暴？

"为什么"有时也是表示对人的关心；比方说：为什么受了风寒呢？为什么不请医生看病呢？为什么不吃药补补身体呢？为什么不请人照顾你呢？"为什么"有时是具有启发性的；像禅门：为什么背着死尸到处行走？为什么不能认识娘未生前的本来面目？为什么把那么重的石头背在心里？为什么要说生死事

大？为什么你到今天才来？

科学家能发明许多产品，就是因为对许多现象产生"为什么"的疑问。例如：牛顿对苹果为什么会掉到地上感到奇怪，因此发现地心引力；瓦特看到水蒸气为什么能把锅盖掀起觉得好奇，因此发明蒸汽机；富兰克林看到打雷为什么会闪光，因此研究而发现了电；莱特兄弟讶异鸟为什么能在天上飞，因此发明了飞机。

人类常常对于不能接受的问题，就呼天抢地地问"为什么、为什么"来发泄；法官问案，要了解内情，也都是问很多的"为什么"。有的人不会问"为什么"，有的人不会回答"为什么"。

能问"为什么"的人，他必然是有思想、有看法、有见解的人。所以在佛教讲"小疑小悟，大疑大悟，不疑不悟"。

人总应该有问题，有"为什么"就会有问题。竹子、树木为什么能造纸？黄豆、芝麻为什么能榨油？马和驴子交配后，为什么会生出骡子？人为什么会有白、黑等不同的肤色？回答"为什么"的人，有时候文不对题，有时候言不及义，所以到最后"为什么"还是"为什么"，问题还是不能解决。

东方人的学习方式，都是照单全收的接受；西方人学习，总喜欢问"为什么"。接受的人，知其然，不知其所以然；问"为什么"的人，所谓"打破沙锅问到底"，他必定要追查出一个所以然来。

东方人讲话的时候，都是常用"为什么"来责备别人：你为什么这样？你为什么那样？西方人的人际相处，不喜欢有太多的问号，他们喜欢用句点：我吃过饭了。我做好了。我看过了。就如佛经所说的"我波罗蜜了"，就是"一切完成"的意思。

"为什么"是人生中一句用处很广的话，但是怎么用呢？学问很大，也不得不深思而用喔！

美化

　　女性最讲究美化自己，所以化妆成为女人每天的重要工作。

　　从美化面容、美化眼睛、美化眉毛；其实现在最重要的是，还要美化语言、美化心地。无论眼、耳、鼻、口生得多么端庄，但没有美的语言、没有美的心肠，那也是金玉其外，败絮其中。

　　现在也不只是讲究美化外型，还要讲究美化人生，要使自己的人生，每日生活在知识书香里，生活在仁义道德里，生活在礼貌谦让里，生活在勤奋上进里。不但美化人生，还要规划人生，自己的人生，五年计划、十年计划，都要做一些人生的生涯规划，才容易向目标进取。

　　说到美化，现在还要美化家庭、美化社会、美化城市、美化环境，甚至要美化人间。家庭里，桌子上插一盆花，墙壁上挂一幅画，就是家庭的美化；将环境打扫干净，路边的空地都有花草树木，不随意乱丢垃圾，不随意制造脏乱，不随意破坏道路,这就是美化环境。

城市里的人,不要随意张贴广告,上车要排队,讲话要轻声慢语,所谓老少无欺,就美化了城市。当然世界上,有许多国家、种族,我们要以信仰美化大家,要以愿心美化社会,让人人守法,有慈悲,有包容,充满祥和欢喜,这就是美化人间。

美,人人都有爱美的天性,但是美不是哪个神明创造给我们的,是大自然的山河大地、飞禽走兽、花草树木,把世界点缀得很美,所以我们不要辜负了自然界的美,我们要从自我的身心美化做起,造福社会人间,使之成为一个美化的国土。

大自然四季的变化,人生生老病死的过程,其实都是一段美的旋律,都是一幅美的画面。所以,种种的美化,都是要让人活在美的生活里,活在美的世间上。

美,有人工美,有自然美,父母把我们生养下来以后,我能有自然美固然很好,假如有一些缺陷,用人工来补足,这也很好。美,有内在美,有外在美;良知、气质,是内在美,外在的风仪、举止端庄,也是很美喔!

总之,社会、家庭、人身或心灵,都需要我们加以美化!

人情面面观

世界上，有许多国家民族以讲究人情为重，但也有一些国家以法治为重，也有的国家以讲究文化、道理为重。

中国是一个讲人情的社会，所谓"秀才人情纸半张"、"人情练达即文章"。关于人情，从小就有父母教我们要懂得做人；及至长大，对于义理人情，如果不能通达，就不能为社会亲友所接受。

关于人情的说法，讲究人情的，如送礼、请客、报恩，总觉得自己要能不负他人的人情；如果欠下他人的人情债，日夜难安，总觉得心里有愧。当然，也有一些人不顾人情、不近人情、不买人情的账，我行我素，这在社会上做人处事，就会给人批评为没有品位了。

中国人过去认亲，除了父系的内亲，还有母系的外亲，也就是所谓的"表亲"；"一表三千里"，就是要讲人情。人与人之间，为了建立人情关系，可以走后门，可以拉"裙带关系"，都是为了建立人情关系。

同乡、同学、同党、同派、同业，凡是能"同"的关系，都要尽量地把他拉出来，有时自己没有关系，还要借助别人的关系。甚至有说"有关系就没有关系，没有关系就有关系"，这就是人情在里面作祟了。

传统社会，讲究人情，所谓"人不亲土亲"，就是以社会、人我、学习、门派等，拉近人情。"人在江湖，身不由己"，也是因为难以摆脱人情的关系。

做人最容易患的毛病，就是怪你不近人情，怪你不合人情；但是自己有情没有情，并不知道。所以经常有人慨叹：人情如流水，人情薄如纸，人情冷似霜；人在人情在，人去一场空。

人，要求别人，都讲看个交情，看个面子，看在往昔的关系。其实人情是有尺度的，是有深浅的，是有轻重的，人情是很难称量的；人情之外，还有道理、法律，来得比情更容易订立标准。

佛法讲"依法不依人"，就是说，依道理不依人情，人情是有变化的，道理是比较公平的。所以讲人情的社会，讲人情的人生，如果能进而讲道理、讲法律，人生评价世间的标准，就容易有另外的一番境界了。

麻痹

　　身体上的机能失去功用，甚至肌肉的知觉都减退了，这就是所谓的"麻痹"。身体的麻痹固然是有病，心理麻痹了也是病态，例如接触到人间的苦难，不能生起慈悲心；见到一些人间的问题，没有智慧去解决，这都是心灵麻痹了。

　　政治人物不知道羞耻；"厚黑学"就是因为政治人物的人格麻痹了。社会上，有的人不热心工作，对工作麻痹了；有的人说话不合乎情理，这是他对于人际间的关系麻痹了。

　　有的人为了治疗身体，特地用麻醉药来麻痹自己，这是为了止痛；有的人借酒浇愁，希望求得一时的麻痹。今日的社会，一些年轻人吸食毒品、吃摇头丸、痴迷网吧，这是心灵与人格的麻痹。

　　奸商偷工减料，这是社会的麻痹；媒体报坏不报好，这是传播界的麻痹。现在整个社会，从个人的缺乏公德心，不肯从事公益活动，不知道精进勤劳，自甘堕落，到社会舆论失去了公理正义，法治不彰，这都是社会道德的麻痹。

我们的民族性不能麻痹！我们要让社会觉醒过来，如果每个人都不自觉，都不知适当地振作、奋斗、向前，这就是社会的麻痹，也是个人的麻痹，当然会使整个民族跟着这些麻痹沉沦了。

国家的风气之提升，固然要全民的觉醒，但也要政府的法治来协助一时糊涂的人。现在各国的法令，对于麻醉药品都有严格的管制，例如世界上再进步的国家，对于腐蚀精神、麻痹心灵的鸦片、大麻，不管吸食、贩卖，都会被处以极刑。但是对于一些会麻痹人性，令青少年不思振作奋发，使人沉沦堕落的地方，例如酒家、舞厅等声色场所，政府也应该有一些对治的方法。

要唤醒麻痹的群众，必须要教育，要有正确的信仰，要有正当的娱乐；地区的领导者，要以身作则，亲近善知识，参与宗教、慈善、读书、体育等团体，则上行下效，风气也并非不能改。

身体上的麻痹，靠物理治疗、靠医疗器材的复健，也能有康复的希望。我们希望心灵麻痹的人，及早觉醒，及早回头，及早自我复健，只要肯复健，就有康复、就有健全的时候。

指针

　　马路上，一般都会竖立许多"指针"、"路牌"等，提醒驾驶员注意开车的时速、前面的方向，甚至禁止超车、禁止左右转等交通规则。在公共场所里，也会设有许多指示电梯、安全门、紧急出口之路径与方向的指针，乃至公共厕所、电话亭的方位，也都有明显的标志，让人透过指针，就能一目了然，找到自己的需要。

　　社会上，有的人不惯于自己用眼睛看指针，专门喜欢用嘴巴问别人；甚至当别人做介绍的时候，自己不肯用心听，总在事后再去到处问别人。我们看到许多出国旅游的人，不都是在导游介绍之后，才又问导游厕所在哪里，餐厅在哪里？

　　人生的路上，也有许多生活的指针、经济的指针、事业的指针、感情的指针、一生的指针；而国家的外交计划、国防计划、教育计划、五年计划、十年计划等，都是国家发展的指针。

　　人生的指针，如果只是维持个人的生活，那么你是个人主义者；如果你的人生指针是维护一个家庭，你就可以做一家之主；你的人生指针如果能为民众服务，你就可以做民众的领导者。

你学文，当然文人是你的人生指针；你学医，当然医生是你的人生指针；你学商，当然商人是你的人生指针；你学工，当然工人是你的人生指针；你学财政经济，财政经济就是你的人生指针；你学法律政治，法律政治就是你的人生指针。

所以，一个人生下来就要立志，志愿有多大，成就就有多大；指针有多远，只要努力，必然能够到达。人生虽然路遥千万里，只要你一步一步踏实地走去，何必担心达不到你的指针呢？

古时候，有的人用"指腹为婚"，作为未来两家和好的指针；有的人用"指桑骂槐"，达到讽刺别人的指针；有的人说话不诚实，不肯把真心话告诉你，总用"借东说西"，来一个"指鹿为马"，作为测试人心的指针。

现在有些人的指针，只是向着赚钱，向着做官。你看，买"乐透彩券"的人，他的指针就是指向钱财。台湾地区每期有几百万人买"大家乐"，相对的，能有几百人的指针是指向道德仁义呢？

有的人一生的指针是做官，从竞选村里长、乡长、"县市长"到地区领导人等，一年到头好像都在选举；台湾人的指针，就是要有名。但是当成名的指针达到时，其他的仁义道德也同时失去了，岂不可惜！所以，我们人生要有指针，但是我们的指针应该是仁义道德，诸如儒家的"三纲五常"、佛门的"四摄六度"等，这些才是我们应该确立的人生指针！

蜕变

    大地山河，每天都在蜕变；男女人身，日日也都在蜕变。世界上，举凡语言文字，各种文化、风俗、民情、习惯，无有不在改进、蜕变之中。

    世间法，没有不蜕变的。如原子核发射一个粒子，同时自身也转化成另一个粒子的过程，这就是物理上的蜕变。螟蛉子从昆虫蜕变而来，蚕宝宝变飞蛾，毛毛虫变蝴蝶，都是一种蜕变。所以，各种动物、昆虫当中，如蛇、蝉都会褪去外壳，都是蜕变。

    人生的任何一个过程，都是蜕变。像一个女婴，长大成为小姐，之后成为太太，再成为母亲，最后成为老太婆，可见世事无常，变化多端。

    世间上没有一成不变的东西。不变，墨守成规，依然故我，别人也帮不了你的忙，故佛陀说："我如善导，导人善路；汝若不行，过不在导；我如良医，应病与药，汝若不服，咎不在医。"

人要读书受教育，为的就是要变化气质。人经常要搬家、换职业，就是要变换住处，变化环境，有变动才有进步。就如从幼儿园入学，接着变成小学生，再变为中学生、大学生，最后成为学者、教授。

常有人说：你好像换了一个人一样。一个人从无知而到有德，我们就赞美他"你脱胎换骨了"。所以禅门把悟道，说成是"脱胎换骨"的蜕变。

世间有很多的"变"：变迁、变节、变通、变卦、变相、变故、变容、变局……有的变好，有的变坏。甚至于球场上，棒球投手要训练他投"变化球"；政治上，如康有为要发起"变法维新"；经典里，为了便于弘扬教义而有"变文"；川戏里有"变脸"，甚至一部电影就叫做"变脸"，有的让人惊叹，有的感人肺腑。

音乐有变调，植物里有变色；人会变心，这是人间最悲苦的事。不过，好心可以变成坏心，坏心也可以变成好心；贪瞋痴可以变成戒定慧，戒定慧如果不能增上，不继续用功，遇到逆境影响，也会变为贪瞋痴。所以，只要一变，后面的情况就不一样了。

我们最好把贪心变成舍心，把瞋心变成慈心，把痴心变成慧心；只要心一蜕变，能够变化气质，则成圣成贤，有何难也！

薪水

　　社会上，除了老板自营的事业，盈亏自己负责，或者靠天吃饭的农夫，收成多少也是要看自己的运气；除此以外，多数的工人、公务员，都是要靠"薪水"养家活口，营求生活。所以现代的社会都讲究要有职业，经济愈萧条，失业率愈增加，整个社会就跟着惊慌失措了。

　　说到薪水，高、低薪的差别待遇就很大了。有的人，一个月领到的薪水，仅够自己糊口，不够养家，所以家庭中还需要有第二者、第三者，同时也是受薪阶级，才能维持一个家庭的用度开销。但也有的人，一个月的薪水数十万、数百万，高于低收入者不知多少倍。甚至有的人，盖一个印章，签一个字，可能就是百千万的数字，像军火贩子，他们的一笔生意，可能就是一般受薪小民一生努力，也无法达到的数字。

　　过去，人都是靠劳动服务，每月赚取一点蝇头小利，现在科学发达，一些有头脑、有智慧的人物，一个发明，一个程序，就能获得大老板的欣赏，这种人才，没有高薪，恐怕很难聘请得到。

依照现在世界各地的国民薪水所得看来，即使再先进的国家，劳动阶级的收入，只能供一家的温饱。甚至有许多国家的非法移民，因为没有身份，就算付出劳力，也得不到应有的待遇。

"剥削劳工"，这是长久以来一直存在的社会问题，好在现在世界各地，都有"劳工部"、"劳工委员会"、"劳工协会"，替工人争取利益，工人们也经常向资本家，提出他们的需求。请愿、罢工，在世界各地时有所闻，因为社会是讲求公平的，不平则鸣，也是很自然的事。

有的人生性保守，只希望求个稳定的生活，也不奢望太高的待遇；有的人不甘于平凡的生活，冒险投资房地产、投资股票、投资新兴行业。机缘好的，一本万利；机缘不好，血本无归，所以社会上倾家荡产，负债累累，甚至牺牲生命的，也为数不少。

古语说：家财万贯，不及一技随身，所以现代的人要想有正常的薪水收入，除了勤劳以外，还要有技能；技术性的受薪，必然比一般人的薪水高出许多。

社会的进步，固然要看生产力，但也要看劳资的合作关系，这是非常重要的。因此，我们希望企业界的老板们，为了创造劳资的美好关系，能把利益分享大家，如奇美公司董事长许文龙先生，他让员工分享利润，最为人称道，也最值得大家学习。

贪污

语云"贫来亲也疏"，人当贫穷之时，往往不择手段，谋取生计，甚至一些富商巨贾，也会以各种非法谋取财富。在各种不法的取得当中，有窃盗、有抢劫、有侵占、有诈骗，但是为官的人贪污，是最为人所诟病的事情。

古今历史中，贪官污吏种种的聚敛，借势苟得，成为千古罪人。但也有许多小公务人员，生活艰苦，每月所得，不够养家活口，所以揩油，贪图小便宜，最后锒铛入狱，最为划不来。

世界上发达国家的为官者，虽不能说个个清廉，但贪污者为数较少，因为他们的待遇收入，已足够生活用度，又何必以身试法，何须做些见不得人的事呢？

财帛动人心，见财不动心的人毕竟不易。台湾地区过去为养成税务人员以及警察清廉的气节，特别提高待遇，希望他们不要贪污。但是公教人员为数很多，例如学校里的教师，待遇微薄，数十年的教学生涯，两袖清风，淡泊刻苦，最后真是把自己都教得没有志气了。

贪污动摇邦本。历朝历代的主政者，在还没有当政之前，莫不希望肃清贪污，甚至才开始主政时，真是雷厉风行，但到最后，发现困难重重，也只得不了了之。

对付贪污的方法，不是用严刑峻法所能抑制。就算是豺狼虎豹，当它吃饱之后，绵羊斑马从身旁经过，它也无动于衷。一个人如果不是贪心太重，只要一家老小，生活能够平安度日，便不必冒险贪污，留得骂名，甚至还会有牢狱之灾。但是现在贪污成为风气，一个团体机关里，如果你太清高，也为别人所不容。所谓"水清鱼难养"，你必须与别人同流合污，混水摸鱼，才能在团体里立足。所以，如此社会风气，足堪忧虑!

要解决此一贪污问题，唯有地区政府提高公教人员的待遇，加强工商界的生产力，让民众能有基本的生活自由，则贪污何由得生?

刹车

人生需要学习的事情很多，"刹车"就是其中非常重要的一项功课。人生很多的祸端，都是肇因于刹车不灵而产生的不良后果，例如我们跟人讲话，当彼此话不投机的时候，就要懂得刹车；一场讲演，讲到最后不能刹车，"最后一点"、"还有一点"、"再补充一点"，这就惹人诟病了。

一个机关或事业主管，当属下有了闲话，窃窃私语，到处散播意见的时候，主管就要知道刹车，凡事不能一意孤行；从事政治的人物，不管你施行什么政策，如果有了民怨，你的政策就需要刹车，因为不刹车，必然引起民众的反感。

初学驾驶的人，不管开车、行船，都要懂得刹车。尤其是驾驶飞机，当飞机降落的时候，你要懂得慢慢滑行，要控制好速度，既不能冲出跑道，也不能紧急刹车，如果让乘客感觉到你的刹车技术不好，这就不是一流的驾驶员。

夫妻终年相处，偶有拌嘴，只要不伤感情，无伤大雅；但如果一直冷战、厌离、疑心，甚至彼此猜忌对方有婚外情，不管有或没有，都要适时刹车，才能善后；到了"一哭二闹三上吊"还不肯罢休，彼此不知道刹车，就算是感情再好，婚姻也会亮起红灯，甚至导致离婚收场。

交朋友，二人即将陷入难分难舍、时刻都分不开的时候，也要早些刹车；或者当彼此意见不投，时有怨怪，都应该适时刹车。有时在三五朋友之中，有的人染上一些不良的嗜好，如吸毒、赌博、酗酒等恶习，你也要趁早刹车，否则沉沦下去，后果不堪设想。

做生意的人，投资事业，如果一直不能赚钱，就必须刹车；或者一直扩大投资，更应该研究是否要刹车。因为贪心无底，黑洞难填，你不刹车，就有危险。例如现在的股票买卖、彩券下注，你不能无限地向前，必须步步谨慎，当得刹车的时候，保住安全，最为重要。你看，高速公路上，各种车辆所造成的车祸，都是"十次车祸九次快"，所以不刹车的祸患，由此可见。

美国总统选举，布什和戈尔在佛罗里达州的选票只差数百票，就能决定总统谁属。但戈尔及时提早承认失败，不像有的人为了查票、验票，有时还要对簿公堂。在名利之前，不知刹车，就显得太没有风度了。

有信仰的人，当生起懊悔、灰心之念的时候，对自己的退心，也要实时刹车。现代的人有时工作过度，不知刹车，导致"过劳死"，这都是划不来的事。见好就收，适时刹车，实在是人生不可缺少的智慧。

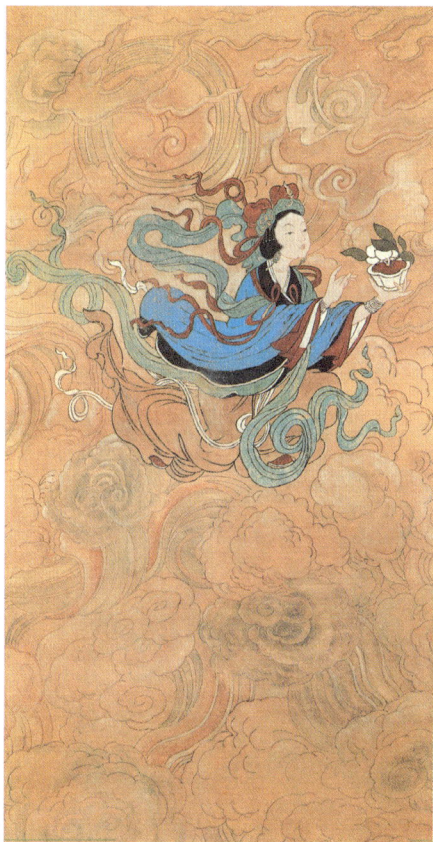

今日的辛苦是未来的荣耀，
今日的忍耐是未来的成功。
今日，在时间中成为过去；
今日，在成就上成为未来。

所谓「争气」，
并不是争一时傲气，
而是争千秋正气；
所谓「求利」，
并不是求一己私利，
而是求众生福利。

求全

乾隆皇帝自称"十全老人"，人生都希望"十全十美"。

"求全"应该是人生应有的美德。我要照顾全家的老小，我要尊敬全校的师生，我要顾念全体的大众，我要关心社会的政经。甚至我们全国家，我们全亚洲，我们全球，我们全人类，因为都是同体共生，在一个"全"里面，大家要相互尊重、相互爱敬、相互帮助。我们虽不是完美的"全人"，至少也要能祝福全世界的和平到来。

现在有一些很能干的人，投入政治生涯，倡导全民的政治，所发起的任何运动，都说是"全民运动"，总希望自己能"全权"处理，但是这样解释"权"，很容易犯了主观、独裁的毛病。

凡是能成为大权的，必定能容纳全民的心声。一部某某书的"全集"，上下古今，容纳了诸家的学说、智慧；一句"全体大众"，那是需要多少的包容喔！

"求全"是不容易的，就算是"全心全意"、"全力以赴"，也可能是"全盘皆输"。但只要有气魄、有胸襟、有能力，无论做什么事情，就有可能"委曲求全"了。

过去我国青年的理想，都希望"文武双全"，现代的运动员，都希望拿到"十项全能"的金牌。弘扬佛法的佛教徒，更希望"悲智双全"。所谓"悲智双全"，就是不但要有通达三藏经律论的知识，而且要有悲心慈护一切众生。如果不能这样，也不能成为佛教的"全才"。

世间诸事能"全"最好，如若不全，残缺也要能了解它的价值，因为不能有一百分，至少能有八十分以上，虽不"完全"，也能"大全"。所以，我们的人生，要经常"全盘检讨"、"全面改进"，家庭、社会、职业、金钱、亲情、爱情、朋友，也要能照顾"全局"，才能做一个"全人"。

"全"是一个美好的人生境界。我全心为你，我全心满意，我凡事都能"全始全终"。我们不一定要做乾隆皇帝那样的"十全老人"，但我们至少在身心、理念方面，都能"十全十美"。懂得"求全"的人，也就距离"完人"不远了！

两极

两极是地球的两端，南边的叫"南极"，北边的叫"北极"；但也可以形容人有两极化的性格，有善恶的两极、贫富的两极、大小的两极、是非执着的两极。两极性格的人最难相处，不是执有，就是执无，不是说好，就是说坏，他没有中间的路线，所以完全失去了中道人生的意义。

我们的心每天也经常在"两极"游来游去，时而升到天堂，时而下堕地狱，在天地两极，游来游去，好不辛苦。

人生有时候遇到挫折，就会消极；提起精神，做事顺利，又会勇猛积极。其实，人太过积极，有时候连乐极都会生悲；有时候太过消极，意志消沉，甚至自寻死路。

不过，人生也并没有真的那么令人绝望，所谓"天无绝人之路"，只要想得开，只要换个方向、换个立场、换个心情、换个想法，一切都会绝处逢生，还是能再创生机。

两极的思想、两极的人生，不是南北极的严寒，就是赤道的酷暑。就像两极的生活，太苦了，冷冰冰的，无情、无力；太乐了，热烘烘的，融化了，自己都不知道是什么原因，所以佛教鼓励人要过中道的生活。

在佛教里，有一个音乐家"二十亿耳"，他出家后向佛陀请示如何修行。佛陀问他过去在家从事什么事业，他说担任琴师的工作。佛陀问："弹琴时，如果弦太紧，结果会如何？"答："会断！"佛陀又问："弦太松了，会如何？"答："不响。"佛陀说："修行也是这样，把自己绷得太紧，会有压力；让自己太松了，会消极懈怠；求其适中，则弦音流畅。"

现在的社会人心，总喜欢走极端。人要长得极美，吃的东西要极品，穿的衣服要极时髦，交的朋友要极好，稍微比"极"差一点的，他就不能接受。

极端性格的人，不能懂得极致为中，人生就会失去目标。佛陀在雪山修行，六年苦行，以麻麦充饥，鹊巢冠顶，过着非人的生活。最后感到极苦的修行，只有增其烦恼，身心疲累，所以佛陀后来舍去苦行，渡过尼连禅河，接受牧羊女的羊乳供养，恢复体力，进入菩提树下，金刚座上，思维"此心不执于有，不执于空"，当他泯灭两极的极端，终于在三十一岁那年的十二月初八日，夜睹明星，而成正觉。

所以，你有两极的性格吗？把它改为中道吧！

人生之最后

　　一般人都把死亡看作是"人生之最后"，实际上死亡不是"人生之最后"，因为人死了还会再生，等于植物的种子，遇到土壤因缘，还会再生。所以，人生没有最后，有的只是此生阶段性的结束，也就是一般所谓"分段生死"的死亡。

　　在此生最后告一个段落之前，有的人会把一些事情预作处理。例如：把此生未了的心愿，立下遗嘱；把对家人亲友的希望，把应该交代的事情，早些交代清楚，以便能安心而去。

　　不过，此生之最后也有很多的"后事"自己无法预作处理。一般说，富人的"此生之最后"容易处理，如果是穷人，有时真是连死都死不起。穷人死了，要买棺木，要买安葬的土地，要处理各种的治丧事宜，至少披麻戴孝、供给亲友饮食，甚至诵经超度，种种的花费，这就不是一个普通家庭能负担得起了。所以，有的人真是"活，活不起；死，也死不起"。

　　此生之最后，最麻烦的事，就是人倒下来之后，诸亲好友都来拿主意，这里讲风俗，那里讲习惯。甚至亡者穿什么服装，头脚朝什么方向，应该怎么祭祀，乃至看风水，定时辰等，大家都是七嘴八舌，儿女们在旁真是不知所以。因此有人就慨叹说：死亡的是我们的长辈父母，为什么你们都来拿主意呢？

人生之最后，尤其许多丧葬业者趁此时候，摆出专家的姿态，天花乱坠地大谈如何办理丧事的道理，也不知他们所说的到底根据什么，但是孝眷遗属也只有任由摆布。所以，"人生之最后"要如何处理，最好自己事先都能交代清楚，免得死后产生各种争执。

现在有人主张废止土葬，因为活人能用的土地已经愈来愈少了，死后何必还要占据那么大的一块墓园土地呢？有的人提倡火葬，有的人提倡天葬，还有人提倡海葬，现在甚至有人提倡树葬。

中国社会素来讲究"生养死葬"的孝道思想。其实看到荒郊野外那些被岁月遗忘、被风雨摧残的坟墓，荒草漫漫、孤独寂寥，也不禁令人感到人生之最后的凄凉。

佛教中的古德，对于人生之最后，最是洒脱，最是自在，例如宋代宗渊法师"坐床而逝"；德普禅师"先祭而灭"；道悦法师"坐化而往"；性空禅师"入水唱歌而去"；庞蕴一家人，女儿灵照"合掌而化"，庞蕴"枕膝而化"，儿子"田中挂锄而化"，庞婆"不知所终"等，真是"生死一如"，无比洒脱。

人生之最后，只要能走得洒脱淡然，无牵无挂；其实，来的

时候什么也没有带来，去的时候什么也没有带去，何等自在的
人生呢？

趣味

每个人做任何事情都要有趣味，有趣味才会做得长久。读书要有趣味，工作要有趣味，绘画要有趣味，歌唱要有趣味，乃至各种生活、各种旅行，只要有趣味，就会感觉到人生充满无限的希望与意义。

趣味有好的，也有坏的；有好的趣味才能有良好的习惯。例如：你对语文感到趣味，你就会勤于学习各国的语言；你对文字感到趣味，你就会喜欢写各类的文章。不好的趣味如赌博、吃喝玩乐、游手好闲；有了不良的趣味，成为不良的习惯，就会到处受人批评、排斥。

趣味也不是天生自然的，并不是每个人天生下来就会对任何事喜欢或不喜欢。好的趣味是要培养的，一个人不能没有读书的趣味，不能没有服务的趣味，只要先具有好的观念，就会培养好的趣味。

人生有了趣味，日日好过，日日欢喜，日日好像生活在天堂里。有的人，不但对工作没有趣味，对生活没有趣味，甚至对活着，他都感到索然无味，像这样的人生，有什么意义呢？

我们欢欢喜喜地来到人间，大地山河供我们游走，树木花草供我们欣赏，日月星辰供我们观赏，芸芸众生供我们交往，社会供给我们各种所需，家人亲友给我们各种的照顾。如果我们要感谢他们、回馈他们，最好的方法，就是培养自己良好的趣味。

趣味，"趣"就是兴趣；"味"就是品味。兴趣要有品，一个人的趣味也要经过别人的评价，经过社会舆论及大众的公评。趣味尤其不能妨碍别人，就如同自由，自由的意义就是不能侵犯别人的自由；趣味当然也不能"只要我欢喜，有什么不可以"。有的趣味你虽然欢喜，别人不认同，你最好要能放弃别人不认同的趣味。

交好的朋友，志同道合，可以培养自己好的趣味；把事情做好，获得他人的赞美，也会增加自己的趣味。甚至你吃饭，要吃得出趣味来；你走路，要走得出趣味来。人生是活在趣味当中，趣味是人生之宝，当人生善良一面的趣味培养出来，真是用之不尽，取之不竭。

我们听人讲演，听得很有趣味；我们听人说故事，听得兴高采烈；我们看人间万事，感觉非常有趣味。如果我们的生活里有趣味，每天欢欢喜喜，每天满面笑容，就是睡眠也非常甜蜜；如果凡事没有趣味，整天板着脸孔，心情苦恼，活着总好像别人欠我们什么。人生没有好的习惯和趣味，是多么的可惜喔！

记录

　　飞机航行，有飞行记录；轮船漂洋过海，也有行船的记录。学校考试，就是学习用功与否的记录，甚至于薪资待遇多少，有时也是取决于你的工作表现记录如何。

　　我们看历史上的人物，忠奸善恶、好好坏坏，都是看他的行事记录。所以每个人的人生，都应该为自己留下一份好的记录，这是做人最大的目标。

　　有的人出国旅游，记录良好，进出海关都很方便容易；有时监狱里的受刑人，记录优等，也会获得提前假释。在人生的旅途上，不管读书、求职、服兵役，或是在银行开户头，都要调查你的记录。

　　人生的阅历，就是自己一部完整的记录。很多人都希望自己所做，能被列入吉尼斯记录；运动员更希望超越极限，刷新记录。现在申请美国居留，要有良民证，就是审查你的记录。刷卡、分期付款，也都要有好的记录才行。甚至于保险公司，对于投保人如果医院里的健康记录不好,他也会提高你的保费额度。

文武百官,要靠平时的努力,有了好的工作成绩记录,才能不断往上攀升;士农工商,待遇多少,也要看你的勤惰记录而发给你应有的所得。甚至于历代的帝王,都有"起居注",台湾地区公务人员,也有"阳光法案",将你的记录公开。

记录是很公平的,如果不依记录,这个社会就没有了准则。你看,气象预报如果一次、二次不灵,记录不好,就会让人对气象预报的准确度失去信心。政治人物发表谈话,其实在人民心中都会留下记录,如果言论一直不能兑现,记录一直不好,他必然会受到全民的唾弃。

有的人一生都经得起别人的记录,有的人通不过他人的记录。甚至有的人一生的记录都很好,因此他能写传、写史,把记录留给大众。

个人有个人的记录,国家有国家的记录,像过去有些国家贩毒走私、不重视环保、滥杀生灵、灭绝稀有动物、仿冒盗版等,都在国际间留下了不良的记录。

现在的飞机失事,要靠黑盒子记录,以便解读失事原因;地震的预防或震度的测量,也都有地震仪的记录。其实我们的人生,也有业力记录我们的善恶因果;我们的一生所做,在阿赖耶识里都记录得清清楚楚,所以我们不能不重视人生的记录。

对对子

在中国文学的发展史里，所谓"唐诗"、"宋词"、"元曲"、"明清小说"等，各种诗词歌赋，乃至散文、小说、戏曲，甚至策论文章，都各有其阶段性的发展，也都各具深意，固不待言。即以"对联"来说，其实也在中国文学的领域里占有一席之地，也是一大学问。

"对联"即一般所说的"对对子"。对联与民间生活的关系密切，例如每年新春一到，家家桃符更新，大门两边都会写副对联，以示吉祥。最常见的如"积善之家必有余庆，积恶之家必有余殃"、"天增岁月人增寿，春满乾坤福满门"。

除了一般耳熟能详的节庆对联以外，也有许多千奇百怪的对子，有的借对联表达个人处境，有的意在言外嘲讽他人，有的对联妙在寓意深远。

话说有一个穷书生，家徒四壁，眼看新年即将来到，他也不能免俗地写了一幅对联，上联是"二三四五"，下联是

"六七八九"，横批是"南北"。

大家只觉得这个春联很奇怪，后来被一个有心人看出端倪，原来这副对联的上联是"缺一（衣）"，下联是"少十（食）"，横批"南北"，意即家中"无东西"。书生的窘境传开后，邻居纷纷送来不少"东西"，帮助这个穷书生过了一个像样的年。

清朝侍郎纪晓岚，一次到民间访问，有一乡民慕名请他写对联。纪晓岚问明此人的家世背景后，大笔一挥，上联写着"数一数二人家"，下联是"惊天动地门户"，横批为"先斩后奏"。

一日，乾隆皇帝经过，一见对联，不禁大怒：此等对联充满皇家口气，民间怎可与皇室一争长短？正待兴师问罪时，纪晓岚赶忙解释说：此户人家大儿子卖磅秤，每天计较斤两，怎么不是"数一数二人家"呢？他们的二儿子开炮竹行，炮竹一响谁说不是"惊天动地门户"？至于他们的三儿子是以杀鸡为业，这不是"先斩后奏"吗？乾隆皇帝也是一个识趣的人，听了纪晓岚的解释后，终于哈哈一笑了之。

自称"难得糊涂"的郑板桥先生，有一天到寺院游览，知客师不知其来历，只说"坐"，并对侍者说"茶"；之后问郑板桥从哪里来，回曰："来自扬州县城"。知客师惊觉此人身份不凡，即刻招呼"请坐"、"泡茶"。说过之后，再问："先生尊姓大名？"答曰："郑板桥。"知客师赶快又改口说："请上坐"、"泡好茶"。

　　一番谈话后，知客师请郑板桥留一副对联纪念，郑板桥下笔写道："坐、请坐、请上坐；茶、泡茶、泡好茶。"以此讽刺知客师的势利。其实知客师可真是一个通达世情的人，因为如果对一般普通人士也要"请上坐"、"泡好茶"，那么万一来个知名之人，或者皇帝驾临时，又该怎么办呢？所以"差别中有平等，平等中示差别"，这才是真平等。

　　在佛光山的香光亭、龙亭、不二门等地，也题有许多对联，当中最为人乐道的是，当你准备下山离去时，头山门出口处的对联赫然写着："问一声汝今何处去？望三思何日君再来！"横批是"回头是岸"，可谓寓意深刻。所以，对联的文字，也有发人深省的作用。

我以为

　　人，有一句自我诿过的口头语"我以为"。做错事了，不肯认错，就说"我以为"，例如买错了东西，把廉价的物品高价买进，他说：我以为那是个古董。

　　"我以为"是假设之词，"我以为"往往与事实差距很大。看到一个人经过，就大叫："有贼。"别人问："贼在哪里？"他说：我以为那个走路的人就是小偷。

　　"我以为"是推卸责任之词，钢刀把人头杀下来了，他说：我以为刀不快；毒药把人害死了，他说：我以为那是安眠药。"我以为"是一句诿过而有严重后果的语言，"我以为"误尽天下多少事。我以为台风不会来，我以为不会淹水，我以为打他一拳不会怎么样，我以为他会游泳，不会淹死；公务人员不负责任，出事了，就说"我以为"，其实统统不是那么一回事。

　　"我以为"是一种执着，也是一种推诿。受寒着凉了，一直严重咳嗽不好，"我以为没那么严重"；一句话让人痛苦怀恨，

"我以为"这句话是跟他开玩笑的；晚上没有关门，小偷进来把东西偷走了，彼此怨怪，"我以为你会关门"；早上起来急于要上班，但没有早餐吃，二人都说"我以为你会煮饭"。因为不肯认错，相互说"我以为"，所以造成父母、子女、妯娌之间多少的人我是非，甚至争执、吵闹不休。

很多事情的成功，也要"我以为"。我以为你们都休息了，所以把饭菜煮好；我以为你们忙着加班，所以把家里打扫干净；我以为你们不在家，所以帮你们巡视安全；我以为你的父母来了，所以送一道菜来结缘；我以为你即将参加高考，所以买一本书供你参考；我以为快要下雨了，所以把房屋修好；我以为快要过年了，客人会很多，所以家里多备办一些糖果、菜肴，以便待客。

"我以为"有时候会让人出乎意外地欢喜，有时候也可能让人大失所望。因此，凡事不要"我以为"，应该用事实根据，用科学方法去判断问题。日本在一九三七年侵华，以为三个月内可以打败中国，但事实不然；美国在九一一事件后，以为四十八小时可以消灭阿富汗，甚至以为一个月可以抓到本·拉登，但至今连本·拉登在哪里都不知道。

"我以为"是虚妄猜测之词。家庭里，办公室内，经常有许多的争执发生，都是"我以为"所引起的，可见"我以为"有时可以用在得当的地方，有时候也会有反效果。所以，奉劝世人，在讲话的时候要字斟句酌，如"我以为"这句话千万要三思而说喔！

一颗钻石，胜过百粒珍珠，
一事立功，胜过千人推举，
一步谨慎，胜过万般防备，
一念慈悲，胜过亿兆修为。

在受苦的时候，要感到快乐；
在委屈的时候，要觉得公平；
在忙碌的时候，要自然安闲；
在受责的时候，要安忍担当。

归去来兮

"回家的感觉真好!"

在外游子,总希望回家;在家待久的人,总希望外出。有的人以为回家很好,有的人以为外出很好。如果回家很好,就要把家当作道场,当作净土,当作佛国,家才会好;如果希望外出,则要把天下融于心中,把法界融入自己的当下,是则外出也并非不好。

上班族下了班,回家,有个目标,有个归宿,感觉真好;如果到了晚上,没有家可归的人,徘徊在路上,心中的感觉,可想而知。

儒家所谓"齐家、治国、平天下",一个人应该从爱家,进而爱国,所以出国的人就会知道自己的祖国很重要,就会懂得要回家、要回国。但是,也有的人,不但不忘回家,反而希望出家。出家是回法身慧命的家,是投入到慧命之家,所以出家的人是出忧愁烦恼的家、出自私自利的家、出爱欲染污的家,而担当起天下和他人之家为家。

王昭君和番，一去不能再回家，犹如出征的军人，能不能回家，是个未知数。苏武牧羊，虽然在北海放牧十九年，终于能够回家。贺知章"少小离家老大回，乡音无改鬓毛衰；儿童相见不相识，笑问客从何处来"。古人为了理想，为了事业，对于家也得要难舍能舍。

中国人有"落叶归根"的思想，就是回家的观念；"倦鸟归巢"，也是懂得要回家。龙鱼归于大海，狮虎隐于深山；陶渊明不为五斗米折腰，所以高唱"归去来兮，田园将芜，胡不归！既自以心为形役，奚惆怅而独悲！"当然，我们为了理想，为了事业，要离家奋斗。但是，家园、乡土、妻儿、亲人，更是人间的至宝，所以在外面求不到的东西，回到家庭里，得到温暖，也是非常的宝贵。

余秋雨说：有四种人不是以家来成就一生的事业，而是冒着生命危险在外面找寻成功的希望，他们分别是：出家人万里求道、军人万里征战、商人万里行商、冒险家万里探索。

人，要懂得回家！有个温馨的家，都应该回家；如果家里没有温暖，可以发心，以法界为家，再找寻慧命之家吧！

知书达礼

现在一些年长的人称赞青少年，都说他：多才多艺、聪明灵巧，甚至计算机网络、唱歌舞蹈，样样皆来。但是古人称赞青少年，只有四个字，就是"知书达礼"。

知书，表示他有学问、明事理；达礼，表示他会做人。会做人又明理，当然是优秀的人才。儒家的三达德：智仁勇，成为国际童子军的信条。其实，岂是童子军应该具备三达德，就是今日的青少年，甚至企业家们，也应该要有三达德。

三达德就是智仁勇，所谓智者不惑，仁者不忧，勇者不惧。假如有为的人生，对现在的邪知、邪说、邪识，能够不为其所迷惑；对人生的穷通得失、成败有无，能够不忧；对社会的艰辛，自然界的天灾人祸，能够不惧，那也实在称得上是一个完美的人生了。

过去有些家长会对长辈、学者说："我把我的儿女带来给你看看，请你指教。"长辈学者总是说："不必劳驾了，你的儿女只要知书达礼,何必怕他将来没有成就呢?"

知书达礼的青少年,必然生活有规律,读书有条理,做人知进退,不贪、不瞋、不痴。所谓以戒定慧,熄灭贪瞋痴,以如此修养进入社会,何患不能出人头地呢?

现代的父母,也不必希望儿女做大官,赚大钱,居高位,甚至有贵人扶持;其实只要他知书达礼,每一条道路都是他的大路,条条大路都可以直通京城,都能够直登人生的高峰。

现代的青年学子,也不要好高骛远,希望一步登天;"行行出状元",但是每一行的状元,必须要知书达礼。知书达礼的青年,先要学习尊敬别人、服从道理、精进勤劳、敬业乐群。万丈的高楼,只要基础厚实;高尚的人生,只要做人的基本道理俱全。知书达礼实在是青年将来能登龙门的不二法门,是成功必备的条件。

有人问一些事业成功的人:你是如何能成功的呢?答曰:"要有精神力!"你的精神力从何而来?"知书达礼而来。"有人再问:你为什么每天要如此繁忙呢?他回答:"一个知书达礼的人,为什么不把自己忙起来呢?"很多事情,遇到了困难,总有人问怎么办,只要知书达礼,了解因缘果报,当然就知道怎么办了。

人人都追求伟大,追求高尚,追求胜利,追求成功;伟大、高尚、胜利、成功,不是天上掉下来的,甚至也不是父母给我们的,是要我们"知书达礼",才能获得。

为善及时

　　一件好事，我们都会想到明天再做，明年再做。明天、明年，我们究竟会有多少明天呢？会有多少明年呢？所以人生应该要建立一个好的观念，就是"为善及时"。

　　与王永庆齐名的企业家赵廷箴说："我们会赚钱，但是我们不会做善事，我们需要宗教界来帮我们做功德。"有的人想要做善事，但是他一拖再拖，等到真正要发心的时候，已经没有钱了。

　　做善事要把握机会。当别人贫穷时，你不及时救济他，等他的难关渡过了，又何必要你助他一臂之力呢？探病要及时前往，等到病人出院，或者过世了，还要你去探望吗？牛奶藏在牛腹里，等到以后要喝的时候再来挤，届时还会有牛奶吗？叫母鸡不生蛋，等我们要吃了再生，到时候母鸡还会生蛋吗？

　　社会上有一些人，对于"及时行善"非常疏忽，但对于"及时行乐"倒是非常认真，所谓"今朝有酒今朝醉"，就这样迷迷糊糊地过了一生。对于能做好事的时候，却踌躇不前，不能勇敢地跨出第一步，等到行善的对象没有了，本钱也不足了，那又如何去做功德呢？

一句好话，要在人家生前赞美他，等到人死了再来歌功颂德，有什么意义呢？中国人都是生前受尽别人的屈辱、毁谤，一旦死后，种种的好处就都涌上口边。甚至有人惭愧，在对方危难时，没有给予他帮助，等到他困难过去，飞黄腾达了，再来后悔，也是愚不可及。

梁山泊好汉宋江，被人称为"及时雨"。所以，"为善及时"就好像应时的甘霖，让枯萎的万物得到灌溉，再度逢春。一件好事也不要等待以后再做，以后有以后的事情，凡事你都即日成办，对现代人所提倡的工作效率，不是有所增加吗？

凡是做官的人，要懂得及时行善，所谓"公事门中好修行"，等到你的官位一去，哪里还有权势做好事呢？商业巨贾，也不要等到别人求助于你才去施舍，自己有余，就应及时行善。钱财如流水，流水一去不容易再回来，为什么不把握当下，及时行善呢？

及时的播种，来年才有丰富的收成；及时的投资，抢得商机，才能把本钱赚回来；及时的孝顺父母，免得将来"树欲静而风不止，子欲养而亲不待"，徒留遗憾！儿女不给他及时的教育，等到他五六十岁时再去学吹鼓手吗？人生当及时！及时成办，及时做到，及时解决，及时忏悔，及时发愿，最重要的是"及时行善"。

礼节

自古以来，中国被称为"礼仪之邦"。一个国家的人民，能够崇尚礼仪，就能国泰民安；假如全民没有礼节，则长幼不分，伦理败坏，社会失序，那就是国之乱本也。

周公之所以被后人尊为圣贤，是因为他制礼乐，定下了人与人之间的分寸。凡是合乎礼者，皆为有"理"也；凡是没有礼者，在道理上必很难站得住脚。

礼，有的用尊敬、用叩拜行礼；有的人用赞美、用歌颂行礼。有的用物质相敬为礼；有的用金钱祝福为礼。有的注目为礼，有的举枪为礼，有的举手为礼。所以人与人之间，表现礼者，举世虽有不同，但是其"理"一如。

现在世界上各个国家，都有行礼的表达方式，甚至军人以敬礼为礼，社会人士以握手为礼，西洋人以拥抱为礼，佛教以合掌为礼，学生以鞠躬为礼。总之，礼者，心之敬也！只要心里表示恭敬，就有替人间维系和谐的价值。

现代社会讲求民主自由，应该崇尚礼节，华航"以客为尊"，就是重视礼的可贵，以礼赢得旅客的光顾。现在的媒体虽然讲究言论自由，但也是礼不可废。

孔子说：非礼勿视，非礼勿言，非礼勿听。但现在的社会，越是没有礼者，越容易引起别人的注意。想到过去古人的"先礼后兵"，如打篮球，开打前要先行礼握手；跆拳道、空手道，也是要先鞠躬行礼，然后才开始较量。

现在台湾地区的上位者，尤其是地区立法机构，常常是无礼的示范，谩骂、拍桌、掷物、追打，都做了不良的示范，这个社会怎么会有礼呢？

生活中，夫妻"相敬如宾"、兄弟"兄友弟恭"、父子"上慈下敬"、朋友"谦恭礼让"、邻居"守望相助"，都是礼也。

礼，维护了伦理道德；礼，维护了社会的秩序；礼，成就了人性的尊严。"礼多人不怪"，但礼太多了，繁文缛节，也不合时宜；适中的礼节，这是现在的时代所应讲究的。

植本

　　建一栋大楼，要把基础打好；种一棵树，要注意根本的扎实。唐朝有一位郭橐驼善于种树，所种之树，无有不活，甚至比别人所种的树更早开花结果。有人怪而问之。他说，我只不过随顺树木的习性发展而已！例如树根要有舒展的空间，培土要均匀，移植时要保留根部的旧土，泥土回填时要密实，种好后就不要再去动摇树根，如此而已。

　　我们看到楼房龟裂了，只在龟裂之处修补，其实是地基松动，只做表面的修补，无济于事。树木花草枯萎了，只知修剪枝干，岂不知根部已烂，因此终难枯木逢春。

　　现代的人学习知识，也是只重外表、皮毛，不讲究根基的扎实，所谓"本固则道生"，所以《六祖坛经》里惠能大师说："不识本心，学法无益。"

　　一般说来，根浅的植物种不了多久，就能枝叶繁茂，但是往往耐不住风霜雨雪，很容易倾倒；而根基厚实的树木，数十年甚至几百年后，依然屹立不动。

做学问也好，经商也好，信仰宗教也好，如果只求速成，不重视扎根的工夫，很难有成功的希望。所以佛教里指示初学者，要先修"四加行"，即：十万礼拜、十万布施、十万心咒、十万参道。四加行的基本功夫不够，任你学遍各种法门，都是虚浮不实。

佛光山在举行剃度典礼时，都教诫入门弟子"十年之内莫游方，安住一处细思量"。其目的就是要青年学子像佛陀一样，多年的潜修、冥想，才能大彻大悟。

一个国家都有个行政中心，所谓"首都"，就是国家之本；一个宗教也有"本山"，就是它的中心。古来的皇朝，大都用儒家的道德为治国之本，如"礼义廉耻，国之四维；四维不张，国乃灭亡"。但现在的主政者已经鲜少谈及道德、人格等固本之道，都是只重经济的发展，所以社会到处多的是好财求利之辈。有的人则以国防为根本，只讲究武器的研发，所以让整个社会弥漫逞勇好斗之风。

近年来台湾地区虽然也有一些目光远大的人，知道教育才是根本，可是我们不去培养合格的师资，不编纂适时的教科书，不倡导"五育平衡"，只是头痛医头，脚痛医脚，邦本未立，则学术、道德又何能得生呢？

现在的社会，都流行速成班，不像过去讲究"十年寒窗"、"十年树木"、"十年生聚"。一个人学好、学会，可能要十年以上，学坏只要三天，所以现代的父母都懂得从胎教、从幼儿教育开始，这就是固本的工作。只是现在也有一些眼光短视的人，为了赚钱，在山坡地大种槟榔树，因为槟榔树的根浅，失去水土保持的功能，造成土石流的灾害，致使生命财产饱受威胁，真是得不偿失。

被誉为"篮球之神"的迈克尔·乔丹，有人问他球技如何能达到出神入化之境，他说：因为我注重基本动作的训练。一般练功的人，也都是注重蹲马步的基本动作，根基扎实，才能稳扎稳打。

《西游记》里的孙悟空，之所以神通广大，是因为当初练功时，经过蹲、站、跪，甚至浸泡水中，接受火烤等各种考验的磨炼。不如此，则根本不固，何得枝叶繁茂，何能武功高强呢！

内外

我们的世界，有前面的半个世界，也有后面的半个世界；人生有心外的物质生活，也有心内的精神生活。所以，有了前后内外，还要通达古今上下，才能有全部的人生。

世人大都重视心外的物质所有，却不知心内的宝藏更为富有。心外的家园被地震毁坏了，心外的财富被五家共有了，其实只要我们有心，我们的信心不倒，一切都可以重来。

古人说，重视内心的修为，可以成圣；重视外境的发展，可以成王。内圣外王，就是要我们内外兼顾。所谓学术、德行兼备，通内才可以有外，否则内外缺少一边，事理不能兼备，就是人生的缺陷。

就以人生的亲戚眷属而言，也有内人、内子女、内兄弟、内侄等内眷，以及外祖父、外祖母等外戚。内亲外戚，相互往来，相互帮助，就能增加家族的力量。

一个人如果有了内在美，还是不够，应该要有许多的外学知识；有了外在的财富，还要有内心的慈悲，所谓"内政外交"，彼此相辅，才能"相得益彰"。

过去的武将练功，有内功外功；医生治病，有内科外科；吃药有内服外敷；做生意的人，有内销外贸。这些是内、是外，都不要紧，最怕的是人有内疚、国有内战，那就内外难安了。

自古以来，长辈都鼓励我们要能"外圆内方"，要能"外柔内刚"，但这都有所偏颇。实际应该"方圆兼备"，当刚则刚，当柔则柔，当方则方，当圆则圆，做人才能不致有错。

国有国内国外，家有家内家外，心有心内心外；所谓"内忧外患"、"外强中干"，这就是内外发生问题了。所谓"人无内顾之忧，必有外来之患"，所以要"内外兼顾"，方能万无一失。

据说，清朝的康熙大帝，一日在勘察万里长城后，指示道：长城无须再修了。他说，城墙再长、再高、再坚固，关外的清朝不是照样征服了关内的明朝吗？国家的安全，不是靠外面的城墙，而是要靠内政的清明，要靠人心的团结，才能巩固国家的安全。

佛门经常指非佛之教为"外道"，此非谤言。因为佛教称为"内学"，所以称不是内学的人都是外道；"心外求道"，只是喻其方法，非谤言之语。希望凡是外道者，都能内外兼修，那就更为可贵了！

抬轿子

帮助别人、成就大众，希望对方能更上一层楼，我们就必须为他"抬轿子"。抬轿子，也要有抬的对象，例如为政治人物抬轿子，如果抬错了人，社会都会蒙受其害，实在是害人又不利己。

社会上，有一些人欢喜自己被人抬轿子。你有学问、有道德、有能力，当然有人愿意为你抬轿子。既然愿意为别人抬轿子，就要学习对方的风范、人格、道德，引为楷模，并且发扬光大。

人都有好奇的心理，欢喜一探轿子里是什么样的人，美丽天仙？英俊潇洒？万一是个丑八怪，大家难免会大失所望，所以没有相当的内涵，要想有人抬轿子，也不是容易的事。其实，有时候别人纵使看不见轿子里的人物，但是只要看看抬轿子的人，对于轿里人是个什么样的德行，也就可想而知了。

有的人能集合许多人为他抬轿子，因为他有领袖的魅力和气质；如果自己没有领导的条件，就应该心甘情愿地为别人抬轿子。慈航法师说：一个人如果不能领导别人，就要拥护别人；既不能领导别人，又不能护持别人，到底要做什么样的人呢？

赵匡胤"黄袍加身"，汉光武"中兴汉室"，都是因有人愿意为他们抬轿子。被人抬轿子的领导人固然要是高手，被领导的人也要有相当的条件，例如忠心、尽责、勤劳、明智，能够让人放心地托付职责，才够资格被人领导。

历史上，为人抬轿的能臣名相，如诸葛亮、魏徵、范蠡、严子陵，乃至周公旦护小成王，本来可以取而代之，但是他宁可为人抬轿子，不愿自己坐轿子，也成为历史上的圣贤。所以，被人抬轿子的皇帝，不一定都是有能力的明君，但抬轿子的文武百官，可能都要具备相当的条件。汉高祖可以将相，韩信可以将兵，各人表达的力量不一定相同，但只要各得其所，就是最好的发挥。

坐轿子的人，也有两种，一种是欢喜走出轿外，让别人一睹他的庐山真面目；另一种是一直躲在轿子里，深藏不露，让别人永远看不清他的本来面目。金庸笔下"笑傲江湖"的东方不败，即是此种人物。

坐轿子的人，要懂得分寸，尤其要会用人，要把利益与大众分享，如果自私吝啬，谁愿意为你抬轿子呢？为人抬轿子，也要懂得进退，太快太慢，或是一路颠簸不稳，让坐轿子的人受不了，也不会受欢迎。

　　"上错花轿嫁对郎"、"上对花轿嫁错郎"，都是幸与不幸的事实。轿子，本来是给大官、残障人士和新嫁娘用来代步的，但现代的轿子已经被轿车所取而代之了。

　　有一则现实的故事。东边的邻家生儿子，别人一听，忙说"恭喜，恭喜"；西边人家同时也生了女儿，邻居传言"也好，也好"。此时正好有一花轿经过，有人问："那些人在做什么呀？"有人说："没什么事啦，只不过是四个'恭喜'抬着一个'也好'经过罢了！"

　　你是"恭喜"，还是"也好"呢？你喜欢坐轿子呢，还是喜欢抬轿子呢？

安贫乐道

世间上，最诱惑人的力量，就是财色名位。假如有了财富，你能安于财富吗？有了情色，你会安于情色吗？有了名位，你会安于名位吗？有了权势，你会安于权势吗？

人，只要有人格、有修养，安贫乐道的人还是很多。像春秋时代的颜回，"一箪食，一瓢饮，人不堪其忧，回也不改其乐"，他就是有安贫乐道的思想；战国时代的颜斶，"安步当车，晚食当肉"，他也是有安贫乐道的性格；晋朝的陶渊明，"采菊东篱下，悠然见南山"，他过的就是安贫乐道的生活；近代弘一大师，"咸有咸的味道，淡有淡的味道"，他也是实践安贫乐道的修行。

民国的汪精卫不安于位，想要投靠日本军阀，终于身首异处，丧身辱国，因为他不能安贫乐道。

"贫！贫！贫！去年贫，还有立锥之地；今年贫，连立锥之地也没有。"禅师们对于安贫乐道，所谓"少一分物欲，就多一分发心；少一分占有，就多一分慈悲"。他们对于世间的一切，享有但不一定要拥有。例如有的禅师，明天的午餐还不知道在哪里，他却说："没有关系，我有清风明月"；有的禅师，皇帝请他下山他不肯，他以山间的松果为食，与大自然同在。所谓"昨日相约今日期，临行之时又思维；为僧只宜山中坐，国士宴中不相宜"。不能安贫乐道的人，即使在佛教里也守不住。

有一个富翁到一个小岛上，见到当地的农夫，就问："你们在这里做什么？"农夫回答："在种田。"富翁说："种田有什么意思，多辛苦啊！"农夫反问："那你来这里做什么？"富翁说："我来这里欣赏风景，与大自然同在啊！我平时忙于赚钱，就是为了过这样的生活。"农夫说："几十年来，我们就是没有赚钱，我们也是照样过着这样的日子啊！"

自古以来，多少文人雅士回归田园生活，都是为了实践安贫乐道的生活；多少高官厚爵最后辞官归故乡，也是为了不愿昧着良心争权夺利，回归民间，过着安贫乐道的日子。现在的社会，物质丰盈，人心却愈发空虚；甚至过分纵情物欲，"笑贫不笑娼"，导致道德沦丧，人心浮动不安。所以，现在的社会要想重整道德伦理，需要建立清贫思想，才能返璞归真，重拾真心本性。

云霄飞车

现代的社会大都倡导观光旅游，在观光的项目中，有些地方都设有游乐园，在游乐园里有云霄飞车的装置，供给男女老少玩乐，从寻求刺激中享受人生的乐趣。

云霄飞车，有上有下，有急有慢，有曲有直，有起有伏。搭乘云霄飞车的人，要有勇气，尽管过程惊险万状，但是在那忽上忽下，甚至急转弯的过程中，只要沉着，处变不惊，必能安全。

云霄飞车，一旦启动，就必须等它回到原点，才能下车。人生也像坐云宵飞车一样，一定要到一个段落，才能下车；如果未到定点便任意下车，必然险象环生。眼看现代的人，常常在人生旅途上，还没有走到一个定点，就中途下车；现时的安全及前途如何，就很难预料了。

乘坐云霄飞车的人，有的在惊险里兴奋狂叫，有的在行进中恐怖惊惧。总之，人生总在惊险里寻求刺激，不论狂喜也好，惊恐也好，他们都觉得刺激就是一种享受。人生能把刺激当成享受，甚至把惊慌恐怖当成是人生的历练，是人生的调剂，这也是人生的另一种超越。

坐云霄飞车，也要具备条件，不是人人都能坐。云霄飞车到了原点之后，乘者也有很多不同的感受："已经到了"、"终于到了"、"这么快就到了"、"好长的时间喔"。可见在人生的时间之流里，长短没有标准，如何运用时间，如何创造价值，都看个人对时间的运用不同而有所分别。

有一些人坐过云霄飞车以后，念念不忘，还想再坐；有的人经历一次，再也不敢尝试了。这就如同人生的各行各业，有的人在职业岗位上，一做就是几十年，有的人不断换职业、换跑道，换到最后，一事无成。

坐云霄飞车的人，总在大起大落里习惯性的生活，但也有一些人不喜欢过这种冒险犯难，不稳定的日子，他喜欢平平凡凡、安安稳稳地过一生。

云霄飞车，如同生命的轮回，从最低到最高，又从最高到最低，就像是在轮回里流转，时而天堂，时而地狱，时而上升，时而下堕。有人在上升的时候，感到兴奋；有人在下降时，感到安全。人的一生，就如海里的波浪，时起时落，这就是人生。

乘坐一次云霄飞车，虽只有短短数分钟的时间，却好像经历了整个人生。起伏、高低、贫富、贵贱，在那几分钟里都有特别强烈的感受。所谓"黄粱一梦"，这不就像云霄飞车的人生吗？

小费

　　美国很大、很强，美国人也很自负、自尊，但美国却是一个习惯收小费的国家。住饭店、坐出租车，甚至擦皮鞋，乃至机场的打工人员为旅客提行李，都要给小费。日本领土不大，人民居家也很小，不过它是一个不要小费的国家，餐厅、饭店都没有接受小费的习惯。

　　小费也不一定是给钱，给人一句赞美、一次握手、一个笑容，受者也会非常欢喜。接受小费，其实也不全然都是服务阶层的人，就算是有钱人也欢喜农工小贩给他们小费。例如主妇到市场买菜，会跟菜贩额外要一把葱、一头蒜、一块姜，这不就是小费吗？甚至有车的人，买车时也希望厂商多给他一个配件，多打一点折扣，这不也是索讨小费的行为吗？

　　给小费究竟是好，还是不好？给小费有时会养成贪小便宜的心理，有时也会提升服务的品质，服务好，当然小费就给得多。有的人吃一碗面五十块，却给了五百元的小费，因为我欢喜，所以小费能大能小。过去，中国内地都是习惯给小费的地方，例如餐馆的跑堂，当你买单结账以后，你说："不要找钱了，就算小费吧！"他会高喊"小费二十元"、"小费八十元"。

过去医生替人看病，或施行手术，病人无以为谢，便包个红包给医生。其实，这个红包就是小费。过去医院里有此温馨的风气，但慢慢地，有的医生端看病人所送的红包大小，来决定医疗品质的好坏，如此一来，反让红包造成医德有亏。古代东家聘请教席，要先奉上束脩，表达尊师重道；但有一些人眼中只看到钱的多少，并不讲究教学的品质，慢慢地也让师道尊严堕落了。

给小费要给得有艺术，例如有的人看起来是在握手，实际上小费已经悄悄给了对方；或者在活动前先给小费，都能让收小费的人收得有尊严。

小费就是为了表达感谢之意，应该是一种惠而不费的行为。但是有的饭店小费收得太滥，一进门，拎皮包要给小费，拿钥匙要给小费，开房门要给小费，送茶水要给小费，甚至吃饭时，乐队演奏也要给小费。小费要得太多、太滥，令人嫌烦，所以也有改进的必要。

有一个笑话说，有个客人到餐馆吃饭，不断地按铃找服务人员。当服务人员走过来，客气地问道："您有什么需要我服务吗？"客人第一次说，我是在试验你们的铃声响不响，第二次说，我想知道你们的耳朵灵不灵，第三次又说，我想看看你们的脚快不快。服务人员听后，满脸笑容地说："你放心，在你给小费之前，我们的铃声、耳朵、双腿都很灵光。"

世界各地给小费的文化、行情各有不同，如印度、泰国、尼泊尔、菲律宾、印尼，乃至非洲、欧洲的观光国家，都有收小费的习惯，事先了解，才能入境随俗。

给小费，让有钱的人感到自豪，也给服务者意外的欢喜。其实，不仅人要给小费，动物也要给小费。海豚表演后给条小鱼，不就像人类的给小费吗？小费，只要给得适当，给得欢喜，也没什么不好。

天下为公

　　孙中山先生，生前留下一句不朽的名言"天下为公"。天下，小至国家，大至宇宙，都在天所覆、地所载之下运作。国家为全民所有，所谓"民有、民治、民享"，宇宙也为全众生所有。

　　世界上，国家与国家之间，大海有国际公海，经济有国际贸易，甚至有国际法庭、国际公关等，大家在联合国领导下，和平共处，这是"天下为公"的最高理念。

　　所谓"公"者，办事，叫做办公室；讲话，要服从公论；政治要公道，法律要公正，做人要公平，凡事要有公理。所以，国家的园林叫"公园"，道路叫"公路"，政治人物叫"公仆"，慈善事业叫"公益事业"。

　　《六韬》里的《文韬》说："天下者，乃天下人所有，非一人之天下也！"这就是"天下为公"的思想。所以，全民享有"天公地道"的人生，大家必然要有"天下兴亡，匹夫有责"的认识。

董仲舒先生强调"天人感应"论，儒家说"天地人"为三才。这都可以成为"天下为公"的注解。

常有人问：天在哪里？王阳明先生说：宇宙就在我的心中，我的心就是宇宙。由此观之，天下皆在我们的心中。我心中有人，我心中就有天；我心中有国，我心中就有天；我心中有宇宙，我心中就有天。"天涯若比邻"，还不如说：天就在我们的心中！

自古中国人就具有天道的思想与理念。所谓"靠天吃饭"，不得不敬天、畏天；人如果作恶多端，不好好做人，就说他"无法无天"。

既然"天地人"是为"三才"，应该"三才合一"。但是有一些人所行所为，真是"天地"不容，那么只有"一才"怎么能独立呢？不过也有的人过分依赖天，凡事都要求天保佑，求天帮助。旱灾了，求天下雨；雨水多了，求天放晴。

天既然在我们的心中，与其求天，不如求己。干旱未到的时候，就要节约惜水；雨水太多的季节，就应该疏通渠道、水沟，做好防洪的准备。如此不要老天来帮助，自己内心的老天就会给自己帮助了。

所以，自助才有天助。我们不要老是经常"无语问苍天"，不要老是抱怨"老天不公"，所谓"天下为公"，天何其难哉！天何其难哉！

灵魂

一个人的生存，除了肉体之外，就是要靠内在的精神力当支柱。精神就是一般俗称的"灵魂"。

一个人如果没有精神的时候，别人就说他"失魂落魄"；一个人如果生活散漫，别人就批评他"魂不守舍"。可见得要能健全为人，必须"灵魂"能够正常。

"灵魂"一词用之于团体，所谓某人是团体中的灵魂人物；用之于国家，就说他是某某国家的灵魂人物。一个人的眼光有神，那就是灵魂的作用；精神奕奕，就是灵魂的发挥。一个人表现得非常神气，叫气宇轩昂，那就是灵魂的妙用。一个人勇敢、自信、灵巧，那都是灵魂发挥的作用。

人有了灵魂以后，做事就能灵敏，说话就能灵活，处事就能灵巧，做人就有灵气，作文就有灵感。有的人形容男女两情相悦，所谓"心有灵犀一点通"。甚至有人相信灵界，追求神奇的灵通，所谓"不问苍生问鬼神"，这种过分地追求虚无缥缈的灵性，反而把自己精神世界弄得不灵光了。

在佛教里，并不讲究灵魂，而讲究真心。一般说，灵魂只能到八识当中的第六意识，只是一般心灵的活动。如果我们有了第六意识的心识慧解，只是一些聪明才智；心灵之上，还有一个第八识真我的本体，这才是真正生命的主体。

要认识第八识，则不是从知识上就能容易了解的，第八识的大圆镜智，必须要靠修持、体验，才能证得。假如我们能将"八识"转成"四智"：转前五识为"成所做智"，转第六识为"妙观察智"，转第七识为"平等性智"，转第八识为"大圆净智"，那时候，我们不但拥有灵魂，而且佛性都能现前，还怕人生不圆满吗？

有人说"灵魂不灭，精神不死"，这是对人生的探讨，但还是不够究竟；求其究竟，应该"真常唯心"、"涅槃寂静"，那才是我们的本来面目。

认同

　　世间为什么会有战争？就是因为彼此差异太大。如果某一些事件能得到大家的认同，就会和平，就没有战争了。例如国家与国家之间，对于地域、种族、文化、风俗、习惯，如果都能认同的话，那么世界大同，还有什么战争、计较的必要呢？

　　人和人之间、国和国之间要能认同。可惜人与国，多数都不能认同。但是动物和动物之间，有些猫和狗却能相互认同，且能住在一起；鸡鸭也能相互认同，它们同笼生活。甚至于羚羊把一只母狮抚养长大，母狗把幼虎视同己出，所以认同之后，就没有恩怨，就没有弱肉强食，就没有对立，就能够和平共处了。

　　汉、满、蒙古、回、藏等不同民族，大家认同之后就能和合成为一个中国；马来人和中国人、印度人能互相认同，就能相互贡献给马来西亚这个国家。美国也是要黑白种族互相认同，社会才能减少许多的纠纷。现在的欧洲也随着跟进，成立欧洲联盟，实行欧元币制，由此也能看得到世界未来的和平与美好。

尤其，现在全世界都认同佛教是人间的光明，是宇宙的真理，所以认同佛教的弘传，因此现在佛教已经遍布全世界，真正实现"佛光普照三千界，法水长流五大洲"的理想。

世界上的人，能认同对自己有利的，认同美好的；对自己无益的，不是美好的，就不认同了。像兄弟阋墙，都是为了利益的冲突；像父子反目，也是为了思想理念的不肯认同。

要认同，就必须要相互包容尊重，发展彼此的爱心，要能够设身处地，把很多不同的立场相互对调就容易认同，这样，"同体共生"的理想就容易实现了。

过去的女子初嫁到夫家，所谓"三日入厨下，洗手做羹汤；未谙姑食性，先遣小姑尝"，最主要的，也是要让另一个家族的分子，认同一个新人，融和在一个屋檐下共同生活。

要想被人家认同，就必须先要认同别人。像孙中山先生说的"四海之内皆兄弟"，能有这样的认同，何患世界不能和平呢？

过去有人说"在一家保一家，在一国保一国"，如果我们要与人相处，就先要对别人有一份了解、尊重，大家彼此认同，则必能共同发挥伟大的力量。

自找麻烦

"天下本无事，庸人自扰之。"人的烦恼从哪里来？都是从自己的心中所生起！人，因为不知道外面的境界，而生起多少狐疑；因为不知道事情的轻重得失，而生起多少妄执；因为不认识自己的本心，就生起无明愚痴；因为没有尊重别人的成就，就生起贡高我慢。因此，很多问题都是因为自己不明白真相，才会制造麻烦，才会自己束缚自己。

麻烦从哪里来？有的人贪图美色，制造了麻烦，如：汉成帝因为宠爱赵飞燕，荒淫无度，导致暴毙身亡；唐明皇因为宠爱杨贵妃，乱伦悖礼，所以开元之治几乎不保；吴三桂宠爱陈圆圆，不但自己身败名裂，也把明朝江山断送了；中日战争时，多少谍报人员美艳多情如川岛芳子，让多少名士将领葬送前途，甚至连国家都会赔送进去。

麻烦从哪里来？多少居高官、享厚禄的人，为了金钱，牺牲了名节事小，有时还要吃上官司，身系囹圄，如当年的秘鲁总统滕森、日本首相田中角荣、印尼总统苏哈托等人，不都是因为贪图一些暴利，惹下麻烦而黯然下台的吗？

麻烦从哪里来？爱情、金钱会为人生带来麻烦；思想想不开，自我闭塞、固执、空想、幻想，乃至自我计较，例如嫌自己太胖、太瘦、太高、太矮等，都是自找麻烦。

麻烦从哪里来？有的人嘴太快，好说是非、好传是非、好听是非，都会为自己、他人带来许多麻烦。所以世间上的麻烦，只要自己不乱听，耳朵就不会为自己找麻烦；只要自己不乱看，眼睛就不会为自己带来麻烦；只要自己不乱说，嘴巴就不会为自己惹下麻烦。

麻烦从哪里来？有的人喜欢和别人计较、比较，从儿童时期开始，就喜欢跟同伴比可爱、比聪明；读书的时候，跟同学比成绩、比学历；当兵的时候比体能、比女朋友；成家立业后，比事业、比老婆；到了中年，比声望、比财富；及至年老的时候，还要比儿孙、比健康、比长寿。一生当中，无时无刻不在与人比较、计较，因此一生自然麻烦不断。

其实，世间本来就是一个充满麻烦的五浊恶世，我们身在麻烦当中，不知跳出麻烦之外，反而不断自找麻烦。麻烦既是自找的，就应该自己处理；所谓"是非朝朝有，不听自然无"，你要跳脱麻烦吗？只要你不去自找麻烦，麻烦自然无由生起。

利行

"利行"是一种美好的善举。

建设高速公路，增加航空飞机，以及轮船、汽车等，都是为了利行。这个"行"也不只是"行动"，其实人间的"行事"，都要以利行作为工作的目标。

过去落后的社会，一个乡公所的职员，对民众百般地刁难，换一个户口，都要走上四五次才能办成。他先是跟你说，你没有把身份证带来，等到你有了身份证，他又说你没有户口名簿，然后又说没有印章，再说没有户长认同等，一次又一次，主要的就是办事人员不肯利行，反而以"磨人为快乐之本"。吴修齐先生曾说过，他年轻时在南部的一个乡下，就常常帮助村民填写表格，申办手续。

谢银党先生，过去在宜兰地区担任警察局局长时，曾与宜兰念佛会成立"爱心妈妈"，于各校门口为学童过马路做导航，现在"爱心妈妈"已经普遍奉行全台湾，所以利行真可以说是功德无量。

政治上，一个人性化的德政，一个减轻人民负担的简化政策，例如现在"身份证明"有效期限的延长、出行手续的简化，都是给人方便，都是利行之举。现在的各项设施，都很重视"无障碍空间"的设计，更是名副其实的利行。

有的人造桥铺路，给人"利行"；有的人建设旅店、施茶、施灯，便利行旅。像警察指挥交通，甚至管制交通，都是为了"利行"，如果没有次序，乱成一团糟，大家就都行不得了。

在美国的高速公路上，特别开出一线可供两人以上乘载的车辆行驶的快速道路 (Transit Lane)，也是为了车多时，给人多者"利行"。现在中国台湾地区有很多义工，不管是在医院里、残障福利中心、安宁病房、寺院佛堂里服务，还是在马路上协助指挥交通或帮忙救火，都是在做"利行"的善事。

现在银行发行的信用卡，给予出门旅行上许多的方便；科学家发明许多造福人类的现代化用品，如计算机网络等，都是"利行"。但是大家千万不要把"利行"这么美好的东西，用来作为犯罪的工具，如此造业反受其害，就得不偿失了。

换机油

　　在人间生活的岁月里，要不断更新，才能成长，才会进步。就例如换机油，已经失去效用的残渣，失去利用价值的机油，更换一下，才能保护引擎，继续发挥动力，推动车子前进。

　　机油具有润滑机器的功能，换机油就是更新。车辆需要换机油，人生也要换机油。例如思想要不断更新，身体要时常保持洁净，甚至环境也要经常整顿，让人有焕然一新之感。即使是一块抹布吧，也要经常更换。武器装备，尤其要时时更新，不然就会落伍。

　　说到更新，美术馆要不断换展，百货公司要不断换季，餐馆饭店要不断更新菜单、更换口味，报纸也要不断更改版面、更换题材、更新内容。各行各业，时时都在求新求变。

　　麦当劳的汉堡已经风行全世界，经营者还是不断用心变化花样。有时即使原料不变，但他的做法不同，总能让顾客吃到长、方、圆等各种造型不同的汉堡；虽是换汤不换料，巧妙的心思仍会引起消费者的注意和欢喜。

新年到了，你不更换一件新衣服，别人会认为你贫穷寒酸而看不起你；家庭用品，如果许久没有淘汰更新，表示你太守旧。人与人来往，礼物也要更新，总不能每年都送同样的东西。乃至跟人讲话、赞美人的语言也要更新，随时都有珠玑之语分享给别人，会让人觉得你是一个很有智慧的人。

商汤《盘铭》曰："苟日新，日日新，又日新"，一个人如果不经常换新思想、革新身心，就如同车子不换机油，如何能有动力向前迈进呢？佛教传来中国，为了适应民情，百丈禅师也要制定丛林清规，以取代原有的佛教戒律。凡事一成不变，等于不换机油的汽车，老迈了，无法快速行驶。

其实，一部汽车不但要更换机油，有时还要换轮胎、换引擎、换零件，甚至重新烤漆，换换颜色。一样东西，你经常加以更换摆设，或是重新加以包装，更能引起人的购买欲。一个团体，一项事业，那怕是一家公司，一间小店铺，要走在前头，必须不断创新，要有竞争力，必须不断换新血，甚至要经常更换制度。不更新，无以生存；墨守成规，必然会为社会及时代所淘汰。

从生物学的观点来说，人体的细胞时时都在代谢，身体才能维持正常的功能。我们的心，尤其要不断把悭贪的心换成喜舍心，把瞋恚的心换成慈悲心，把愚痴的心换成灵巧心。经常更新，才能经得起无常的考验。

海洋

有三个有趣的问题：一、世界上的陆地大，还是海洋大？二、世界上的陆地财富多，还是海洋的财富多？三、世界上的陆地山高，还是海洋的水深？

古人云："三山六水一分田"。世界上最大的地方是海洋，海洋里比陆地有更丰富的物产，海洋的深邃，比高山更令人莫测。

海洋对人类有什么贡献？海洋给人类带来什么启示？海洋可以调节空气，海洋蕴藏人类取之不尽的能源，海洋很辽阔，靠近海洋的国家，发展比较迅速，内陆国家，因为没有海洋的便利条件，往往比较落后。

海洋远眺时看似平静，但实际上就近一看，却是波涛汹涌。有的人以航海为业，在海洋上生活数十年，但不一定认识海洋；有的学者用种种科学仪器勘探海洋的秘密，到了今天，就算科技征服了海洋，也不见得全然了解海洋。

海洋孕育万物，在西洋文学里，海洋有很多的象征意义。海洋是一个充满未知、充满生命力的地方，海洋广大无比，但也非常的无情。海洋可以载舟，也可覆舟，因此世间上无论什么事，都有正反两面，不能一概而论。

佛教经常用海洋来比喻佛法，例如"佛法大海，唯信能入，唯智能度"、"心如大海无边际，广植净莲养身心"、"深入经藏，智慧如海"、"法海搜珍"，乃至"慧海"、"智海"、"道海"、"心海"等。佛法的广大无边，无以赞叹，因此经常用海洋的无边无际来歌颂佛法。

海洋的广大无边，其包容性，无与伦比。但是海洋里的竞争，也极为惨烈，海中的一只鲨鱼，每天要吃无数的小鱼。可以说，在汪洋大海里，每天都有许多的生命在成长，也有无数的生命牺牲了。

"仁者乐山，智者乐水"；爱山、爱水，各有所得。山岳高低起伏，海洋深广无际，没有高山、大海的美德，又怎么登山入海呢？海洋的美、海洋的神秘、海洋的奥妙，海洋的生态千奇百怪，实非我们用简单的语言所能道尽。

禅语："高高山顶立，深深海底行。"登山攻顶已经够吸引人的了，深海潜水也让很多的探险家着迷。其实，人的精神就如高山，险峻的高山，难以登顶；人的心灵就如海洋，深广海底，难以穷尽。所以征服自己精神的人，才能征服高山；认识自己心灵的人，才能潜入海洋。

　　人生如能"海阔天空"，表示自由自在；人生如能"海天一色"，表示万物一体。人，如果要学习海洋的涵容，先要扩大心胸，不择细流；有海一般的心量，才能望洋舒啸，体会人生的无限。

人性

世间万物，各有其性，例如：地有坚硬性，水有寒湿性，火有燥热性，风有流动性。善人恶人，也都各因其性不同而有分别。

一般说来，是人就应该具有人性，是佛也应该具有佛性。所谓"人性"，例如"恻隐之心"就是共同的人性；"慈悲之念"就是共同的人性；"惭愧"、"羞耻"、"爱众"、"合群"，都是人性。

古往今来，我们看到很多慈母，牺牲自我，维护子女的安全，充分发挥了人性的光辉；我们也看到战争时，许多部下为拥护长官，壮烈成仁，慷慨殉职，也是发挥了人性最高的道德情操。

泰坦尼克号船难时，船上的一对老夫妻梅森夫妇，他们在灾难发生后，静静地让路给别人逃生，自己却安然在水中相拥而逝，可以说把人性发扬到了极点。德国的集中营里，奥斯卡·辛德勒先生救出一千多个犹太人，最后自己却贫寒而逝，这也是发挥了人性光辉的一面。

健康幼儿园火烧娃娃车，林靖娟老师奋不顾身抢救幼儿，因而殉难；仁爱国小"虎头蜂事件"中，陈益兴老师舍身营救学生。他们不但呈现人性的光辉，甚至可以说已经发挥了诸佛菩萨的佛性。

现在的社会，大家都在努力提倡"人性化"，例如：建筑要人性化、管理要人性化、教育要人性化、公共设施要人性化，甚至监狱里受刑人的待遇，也都强调不可违背人性化的管理原则。

人既曰为人，当然有人性，但事实上，自古以来人类也经常做出失去人性的事情，例如战争、侵略、征讨、杀戮，而狩猎、钓鱼、破坏生态等也都违反了人性。典型的例子有：德国对犹太人的仇恨心理，务要消灭而后快；日本在南京的大屠杀，以杀人为乐等法西斯的暴行令人发指。

在中国历史上，成吉思汗领导他的铁骑，几十年间横扫欧、亚二洲。再如秦始皇的焚书坑儒，秦将白起坑杀四十万降卒等，征讨、杀戮都是泯灭人性的残暴行为。

人，有时反不如兽。佛经里"九色鹿"的故事，"人中鹿"与"鹿中人"，正好强烈对比出"人有兽性"、"兽有人性"。动物中，乌鸦反哺、羔羊跪乳，都是人性化的动物。"丛林赤子心"里，一只小狗养大四只小狮子；为了看望主人，丹顶鹤每年南飞几千里，它们都是展现了兽有人性的一面。

现在世间有一些恐怖分子蠢蠢欲动，想要使用生化武器毁灭世界。乃至将来的核战争、星际战争等，都将为地球和人类带来浩劫，这都是泯灭人性而强化兽性所导致的结果。所以，我们呼吁全人类，尤其希望我们的媒体，平时应该多报道人性的光明面，少渲染血腥暴力的新闻。唯有人类自我觉醒，尽力去除兽性，努力发扬人性，甚至更进一步提倡佛性，才是救世之道。

位置

小时候，在许多游戏当中，有一种"抢位置"的游戏，叫做"大风吹"。世人都是为了位置而时起争执、计较，甚至不管狂风暴雨，也要为自己抢一个好位置。

行政机构每次改组，多少人为了抢位置，就像在玩大风吹的游戏一样；一个公司里的主管一换，"一朝天子一朝臣"，大家也都各自忙着自己的位置！办公室里、教室内，大家都想找一个好位置，甚至当人逝世的时候，也要看风水，找一个好位置。

虎皮交椅的位置好舒服，人人抢着坐。位置舒服，相对的，所负担的责任也大，应该付出的力气、思想、智慧，如果缺少一点，也不能安坐于位。就算是天人，享受天福，等到福报享尽的时候，"五衰相现"，除了头上花萎、腋下出汗之外，他就不安于位了。

你看，现在的人求职，在这一个公司工作不久，就想离职跳槽到另一个公司去。也有的人在这个团体里不安心，一心想要加入到另一个团体去。

军队里有逃兵，因为不安于位；僧团里有溜单者，也是不安于位。有的人这个位置没有了，他随遇而安，到处都有位置；有的人这个位置失去了，他就好像从此一无所有，好像没有这个位置，就没有了人生一样！

有一则启示小品：

叠罗汉时，你喜欢在哪一个位置？

最上面的，会摔得很惨。

最下面的，会被压得很痛。

中间的，似乎又不够刺激。

叠罗汉时，所有的人都慨叹自己所选的位置不对。

其实，对旁观者来说，他们的掌声，是为所有人而鼓掌，是为所有的人而欢呼，没有高低、上下之分。

位置，也是要有因缘才能坐得住，所谓"福地福人居"，人找位置比较困难，位置找人非常容易。好像现在的人求职、职求人，只要你具备了坐上那个位置的条件，别人哪里会不喜欢你，甚至阻碍你坐上那个位置呢？

天上的星星，各有一个位置；山林里的树木，也都各有其生长的位置。世间上的人，在政、商、农、工职业中，只要你喜欢，都能拥有一个位置，问题是：你能安于位吗？

跌倒

你有跌倒过吗？从哪里跌倒，就要从哪里站起来！

人生从呱呱坠地，在婴儿时代就经常跌倒，大人总是安慰说："跌得多，长得大！"以此推想，跌倒不可怕，重要的是跌倒后要能站得起来。

从历史上看，多少人希望考取功名，虽然一次又一次地名落孙山，只要锲而不舍，最后一样能考取功名，如《儒林外史》里的王进士，不就是此中的典范吗？

东晋名相谢安，因遭逢国破家亡，从金陵的东山搬迁到会稽的东山隐居，后来简文帝爱其才华，请他复出，并于孝武帝时拜相。他曾和侄儿谢玄率八万军队迎战苻坚的九十万大军，取得"淝水之战"的绝对胜利，创下战争史上以少胜多的事例，从此谢安的"东山再起"，成为后人用来形容离开政坛后又重新站起来的一句励志成语。

　　美籍华裔的关颖珊小姐，本来是花式溜冰的金牌选手，在一次比赛中跌倒，伤及脚踝，六年后她又再度站起来，参与国际比赛。大陆的体操选手李宁，在体坛失意后，改行经商，现在领导着一家大型国际名牌体育用品公司；他不因一次的跌倒而泄气，能够再接再厉，不是也能名利双收吗？

　　第二次世界大战，日本、德国都是战败国，但不到数十年，又再崛起，重新站在世界的舞台上。中国人过去被讥为"东亚病夫"，由于举国自强，今日不是成为世人所尊敬的大国吗？

　　因此，失败不可怕，跌倒也不要紧，只要能再接再厉，枯木也能逢春，炮灰都能发热，纵使一时大意失荆州，也可以励志发愤，再把荆州讨回来。所以，一时的不得志，不要把它看成是世界末日来临一样，只要自己有实力，总有"东山再起"的一天，谢安不是最好的明证吗？一个人最怕的是跌倒后自己不争气，赖在原地不起来，那就只好跟项羽一样，"自刎乌江"以谢江东父老了。

手

人，都有一双手，所谓"双手万能"，意思就是要靠双手才能创造事业，有双手才能打天下。

手，在人体上的功用与重要性，从很多的词句用语，可见一斑。例如，一个人欢喜的时候，就会"手舞足蹈"；紧张的时候就会"手忙脚乱"，甚至没有办法的时候说"手足无措"。

自我的家人兄弟，称为"手足"；父母对儿女平等，表示"手心"、"手背"一样都是肉。有时形容读书人"手不释卷"，甚至"手脑并用"；有的人对人家不给予过分的伤害，所以"手下留情"。赞美医生为病人"手术"成功，称为"妙手回春"，可见手在人体上的功能，确实是非常之大。

赌钱的人要靠"手气"，讲演的人要靠"手势"，做生意的人要靠"手腕"，甚至于聋哑人士要靠"手语"交流沟通。过去的妇女，都是靠一双纤纤玉手，能绣出为人称道的女红。所以过去人生要学习，称为"学手艺"，手艺的精细，就代表一个人的价值。

手，非常的灵巧，雕塑家靠他的一双手，能雕塑惟妙惟肖的人像；画家靠他的手，能画出宇宙山河大地的写真；厨师也是靠他的手，做出珍馐美味；指挥家靠他的手，指挥动听的乐曲。

手，对于人的功用，至大无比。举手为礼，握手为敬，也都要靠手。打篮球、打棒球、打排球等运动，都是靠双手为国争光，就称为"国手"，这是千万人所梦寐以求，希望能代表国家出赛，成为国手。

战争时，都说将遇良才，棋逢敌手；有的江湖人物，到了某一时期，要"金盆洗手"。但也有一些下三滥的人窃盗，被人称为"三只手"，甚至考试时请人代考，叫做"枪手"，那就最不名誉了。

手，最为人称道的就是母亲的手，母亲的手是推动摇篮的手，是怀抱婴儿的手，每个人都是在母亲的怀中和手里哺育成长。及至长大，"慈母手中线，游子身上衣"，可见得天下母亲的手最为人怀念了。

母亲的手以外，那就要算佛手了，佛陀有一双慈悲的手，愿做世间服务人，所以佛陀的"愿将佛手双垂下，摸得人心一样平"，最为人所敬重。

亲爱的读者们，你们也有一双手，要怎样好好地运用呢？

保养

女人的身材要靠保养，平时更要常做脸部的保养功夫。其实，人体的健康，也要靠定时的健康检查，需要自我保养。乃至家居日用，如汽车、房屋、电器用品，一切衣食住行，甚至山河大地等，都要保养。

家庭里，环境要时常打扫干净，每天要清洗厨房、客厅，要整理阳台、花园，墙壁也要经常粉刷，这就是保养。

我们的养护处，主要就是保养道路，以确保行人的安全；军舰、轮船、汽车行驶一定的里程数以后，也要进场保养，这是驾驶人员应有的常识。

建筑房子，在打好水泥后，要不断地浇水，以帮助水泥凝固，从基层保养起，才是固本之道。一畦田的秧苗插好以后，也要不断地灌溉、施肥、除草，从小保养它，以助长它的生命力。

"文建会"要把古迹保养好，这是它的职责；音乐家要保

对事情，不要看一时，不要看表面，
要在生活中找出自我的一片空间，
因为一沙一石都有无限的世界，
心大世界自然就大，
心小世界自然就小。

生活如波浪，有波谷，也有波峰，
在高峰的时候，且慢高歌；
在波谷的时候，也不必落泪，
一浪翻一浪，一波过一波，便是彼岸。

养好自己的声带，这是事业的命脉所系。华航飞机经常出事，原因很多，但是平时能够认真做好保养，会减少许多事故的发生。

物品要保养，环境要保养，凡是世间上的任何东西都要保养。在许多的保养当中，身心的保养最为重要。

身体的保养，不是为了美丽，而是为了减少疾病；因为有病了，不但浪费医疗资源，更使全家人跟着烦恼、忙碌。有人说："一人得道，鸡犬升天"；其实"一人有病，全家大小都不得安宁"。所以，不懂得保养自己身体的人，就是对自己家族不知道爱护的人。

光是身体健康了，还是不够，心灵的保养更是重要。我们的心就如树木花草，有寒暑、虫蚁、污染的侵袭；我们的心灵同样也会遭受财色名利、是非人我、贪瞋嫉妒所侵扰。

如何维护我们心灵的清净和安然呢？必须时时注意保养，才不致于让眼、耳、鼻、舌、身反宾为主，领导"心"去做种种的罪业。我们要保护自己的"心"，让"心"能够强壮、自主、明理；由正心去领导眼、耳、鼻、舌、身、意，所谓不该看的不看、不该听的不听、不该说的不说、不该吃的不吃、不该做的不做、不该接触的不接触。就如房屋，你把根基保养好，就不怕倾倒；树木，你把树根保养好，就不致于枯萎。我们如能把自己的"心"保养好，让"心"成为主人，让"心"能听自己的话；如此，根本一正，就不怕其他的邪恶作怪了。

礼貌

　　人际之间能否和谐相处，礼貌是很重要的一环。礼貌者，计有：电话的礼貌、书信的礼貌、见面的礼貌、访问的礼貌、穿着的礼貌、语言的礼貌、应对的礼貌、宴会的礼貌、社交的礼貌、乘车的礼貌、驾驶的礼貌、交通的礼貌、运动的礼貌、年节的礼貌、伦理的礼貌、国际的礼貌等。

　　所谓礼貌者，给人一个笑容、给人一个点头、给人一句应话，都是表示礼貌。甚至讲究礼貌的人，连措辞、手势、握手，都要表现出你的诚恳，否则别人就会认为你的礼貌都是虚假的。

　　人与人之间，即使夫妻，也要相敬如宾，以礼对待，才能和谐到老；即使父母子女之间，也要有一定的礼貌。如果父母子女之间不能以礼相对，将来想要父慈子孝，就很难了。

　　部下对长官要有礼貌，长官对部下也要有礼貌；人民对领导人要有礼貌，领导人对人民也要有礼貌。大家如果没有以礼对待，则王不王、臣不臣、亲不亲、民不民，国家、社会、家庭，礼貌没有，则一切纲常伦理也就难以维持了。

所谓礼貌，从家居的礼貌讲起，例如家里的人，早上起床，要互道早安，平时要常说：请、谢谢你、对不起、非常抱歉，如此家庭一定会和乐美满。到了社会上，公共场合的礼貌，例如轻声、慢步、沉稳、安静，跟人点头、弯腰、说好，其实这不但会获得友谊，得到尊重，而且可以赢得人心。

有礼貌的人随时都是赞叹对方，比方这朵花好漂亮、这件衣服很合适、这个客厅很雅致、茶具真美好；虽然是赞美东西，其实就是赞美主人，拥有这些东西的主人，必定会很高兴听到你的赞美，并且接受你的礼貌跟友谊。

但也有一些人，跟你握手时，眼睛看着别人；跟你点头时，一边在和别人说话，这种没有专注的礼貌、表情，都会招来反效果，让人不喜欢。

礼貌也不一定要送礼、送钱、赞美、恭维，这些还是不够的。真正的礼貌，是一个人的修养，一个人有了教养，在家居或走入社会，甚至在国际上，因为教养带来的礼貌，都会格外受人尊敬喔！

候鸟

在鸟类当中，有叫候鸟者，随季节变化有规律地来往于越冬地和繁殖地之间。

我们看候鸟的族群每一次如此搬家，不要以为鸟类很自由，其实个中的辛酸，鲜为人知。它们可能在飞行途中，遇着高山大海就这么葬身其间，造成多少妻离子散，多少生命的伤亡。即使有幸飞到目的地，也有被人捕杀的可能，例如恒春的山区，每年不就有许多伯劳鸟被人捕杀，供人口腹之欲吗？

不过，候鸟为了训练子孙，为了求取生存，尽管伤亡惨重，还是前仆后继，冒险犯难，它们的脚步永不停息。

人，也好似候鸟一样，早出晚归，经常游走他乡，到了年终岁末，必定要回家探亲。甚至现在的移民，此处的社会环境让你觉得居住不安，他就迁移到另外一个地方去，甚至漂洋过海，全世界都散居着各个国家的移民，但到了一定的时候，又会落叶归根，回到自己的祖籍。

　　候鸟不忘生存的习惯，不忘子孙的教育，不怕一切牺牲，前仆后继地奋斗。可惜现在中华儿女移民到其他国家，有一些人被时代潮流所冲击，随世浮沉，忘失了自己的根本，成为外黄内白的所谓"香蕉人"，实在是非常的可惜。

　　在候鸟当中，有的也会被族群所淘汰，例如：屋梁上的燕子，母燕因为知道小燕生存的条件不强，宁可将它推出巢外跌死，也不希望品种衰微。加拿大的野雁，因为平时养尊处优，吃得太胖，到最后因为飞不动，无法迁徙，只有被冻死。即使是天鹅，一旦被人豢养久了，也会安于现状，不知道要奔向前途。

　　加拿大的鲑鱼每年要逆流而上，即使遍体鳞伤，也要回到故乡产卵生子；美国有一种蝴蝶，原产地在墨西哥，五代接力飞行，要完成找寻祖先的寻根之旅。

　　动物为了传宗接代，为了认祖归宗，勇于向大自然的环境挑战、奋斗，然而人类为什么不如候鸟呢？

审美

自然就是美！美，是世间上每一个人所喜欢的。美丽的山河，美丽的家园，美丽的眼睛，美丽的五官，美丽的手脚，美丽的风仪，只要是美，没有人不喜欢。

不过，美也要看个人的审美观念，"环肥燕瘦"、"情人眼里出西施"，只是因为审美的观点不同罢了。

各个民族的审美观念不同。南唐李后主以女人裹小脚为美；非洲有一小国以女人脖子长为美，有些国家的女人以把牙齿涂黑为美，有的以穿耳洞为美，有的以穿鼻孔为美，有的以樱桃小口为美，有的以染发为美。黑人更说："黑是世界上最美的颜色。"

有人问：世界究竟什么最美？简单地说，"欢喜"最美！"笑容"最美！"心善"最美！爱美是人的天性，爱德更是人高贵的情操。美是一种意境，有残缺之美、人工之美、自然之美；一般人都认为自然美很宝贵，人工美就差一点。其实手工艺品做得很美，这是人工之美；艺术家画画，就是要给人美感。不过，广告画因为有了匠气，它的美就打了一点折扣，所以美是一种意境，自然就是美。

过去有人举办花卉选美，有人组织服装选美，后来更有中国小姐、世界小姐、书展小姐、商展小姐的选美。现在连狗也参加选美，猫也有选美大会，更有甚者，一栋建筑，也参加建筑美的选举，一件家具也会参加家具的选美。

女人有选美，男人也有健美先生的选举，老人则有健康老人的选举，但就是缺少"内在美"的选举，心的美就更少有人注意了。

这个世界上，随你选什么美，都是个别的，都是有差别的，唯有选心，"三界唯心"，心美，则一切都会跟着美了，而且是平等的。

所谓"心美"，心中的慧巧，比茉莉花更美；心中的修持，比皇宫更美；心中的善念，比孔雀更美；心中的欢喜、心中的慈悲，心中散发出来的跟人结缘的好意，不但是最美，而且是最芬芳的。

外在美一看就知道，内在美不容易看得出来，必须要观察、审查，日久月长，才慢慢发觉到内在的涵养之美。内在美不但是美，而且是德、是道、是善、是慈。所以，男人娶妻，当娶内在美的女人；父母赞美儿女，也是赞叹有内在美的儿女；交朋友，也是要交有内在美的朋友，大家都有内在美，何患世界不跟着我们一起美丽呢？

知人之明

人要有"自知之明"，也要有"知人之明"。孔子说"吾不如老圃"，孔子有自知之明；多少青年学子，学有所成，因为有老师的知遇之恩。

曹操将会见匈奴使者，因自觉形貌丑陋，不足扬威远地，便派崔季替代，自己持刀侍立于崔季身旁当卫士。事后，曹操派人向匈奴使者打探："魏王如何？"匈奴使者答道："魏王长得非常文雅，然而旁边的持刀卫士，才是真正的英雄。"匈奴使者善于识人也。

一个团体里，身为主管的人，要能知人善任，才不会埋没人才；要是用人不当，就可能误了大事。唐玄宗因为"裙带关系"，重用杨国忠；明朝熹宗起用魏忠贤，都是因为用人不当，两朝几乎因此而失去江山。

萧何向刘邦推荐韩信，刘邦傲慢，韩信出走，好在萧何月下追韩信；因为萧何有知人之明，所以有了韩信、萧何、张良三个人而有汉朝。徐庶向刘备推荐卧龙、凤雏，二人得一而有天下；因为徐庶有知人之明，因此帮助刘备三分天下。

有人推荐人才，有人自我举荐。"毛遂自荐"，终获平原君赏识，立下大功；李白"生不用封万户侯，但愿一识韩荆州"，也是自我举荐。

银行家要认识数字，教育家要认识哲学，科学家要懂得实验，政治家需要识人。凡是当领袖的人，他最大的特长，就是要识人。如伯乐识得千里马，纪渻子识得鸡性，公冶长识得鸟语，庄子识得鱼乐，天文学家识得天象，地质学家识得地层的变化等。这些都不算困难，最难的是政治人物要识人，因为人有多种，忠奸、智愚，尤其人会伪装，不容易认识其本性。就拿情报人员来说，一些反间的情报员埋伏在敌营，多少年岁月也不容易给人发现。

所以，周文王识得姜子牙，载与同归，因此有周朝的天下；张良建议刘盈太子和商山四皓交往，终于赢得帝位。康熙用张廷玉，乾隆重用汉人，所以清朝才能拥有数百年的江山。

因识人而拥有天下，而有事业，而能功成名就；因不识人，像燕惠王因不识乐毅为忠贞干练之才，才上位就对乐毅说：我不敢用先王之臣。所以乐毅出走，而以骑劫取代乐毅为将，终被齐国的田单以火牛阵打败。燕惠王因没有知人之明，几乎失了江山。

知人，不但要知其性，还要知其能；不但知其能，还要知其忠、知其志、知其用，才是知人之明也。

教训

　　人生，要接受多少的教训，才能学到很多的经验；经不起教训的人，就是没有学习的态度，最后一知半解，不受人重用。

　　接受教训是一种美德，能接受教训的人，才是一个美好的器皿，才能装得进东西。有的人从小到老，一直喜欢接受各种考验、各种教训，因为在各种考验、教训当中，他懂得摸索着进步。

　　自古以来，所以有家训、祖训、庭训、师训，甚至军队有军训，学校有校训，都是为了教导我们待人处世之道。古今闻名的，如司马光的《资治通鉴》，是记录历朝政治上的得失，开示后人成败的殷鉴；像李文焘先生教训人要勤劳，《淮南子》教训人要厚道；像颜之推的《颜氏家训》、袁了凡的《了凡四训》，都为人所熟知。日本的道元禅师有一本《典座教训》，是师徒生活必读的宝典；妙喜禅师的《禅林宝训》，更成为寺庙庵堂所必修之书。

　　花草需要水分的灌溉，稻禾需要施予肥料；做人需要各种的教训，人格才能成长。儿童跌倒，他能站起来，跌倒就是他的教训。青年受了委屈，能够自我排遣，委屈就是给他的教训。贫困潦倒，如果立志自强，那许多逆境也都是自己成功的教训。

长辈的开示训话，虽然听起来逆耳，但那许多宝贵的教训，都应该遵为圭臬。子路"闻过则喜"，大禹"闻过则拜"，现在的年轻人不喜欢听闻自己的过失，所以少去了风霜雨雪的滋养，所以要想成长、成熟，可说难矣哉！

唐山大地震，中国台湾地区九二一地震，土耳其、墨西哥的地震、海啸，经过这些教训之后，我们就知道不能在建筑上偷工减料，反而更要加强巩固。美国九一一遭受恐怖分子攻击，受创严重，美国受了这种教训后，重新检讨国家的政策，以保障将来的安全。

有的人开车太快，出了车祸，接受了这样的教训，以后开车特别谨慎小心。有的人游泳，几乎被卷入旋涡，庆幸有此教训，以后对危险之地，不要轻易冒险。

有的人在官场中得到多少人情冷暖的教训，有的人在财务上得到多少贫富贵贱的教训，有的人在交友中上当学乖，得到教训。赌博股票的人，倾家荡产，假如引以为戒，就不致于再重蹈覆辙！

所以前人说："静坐常思己过，闲谈莫论他非。"这是很好的教训。禅门的"吃现成饭，当思来处不易；说事后话，唯恐当局者迷"，也是很好的教训。

隐士

隐士，德行高洁，不与人争，能看破放下，能超然于世俗之外，所谓"不在三界内，超越五行中"，因此给人景仰，给人佩服。

然而，语云"小隐隐于野，中隐隐于市，大隐隐于朝"，也有很多不好名利，只在社会上默默行善，有着菩萨精神与情操的人，其实他们都是都市上的隐士！像过去爱爱寮的一对夫妻，他们不就是大隐隐于市吗？像名震世界的张大千先生，最后不是隐居在摩耶精舍吗？像达摩隐于少室峰，商山四皓隐于商山；像六祖惠能大师隐于猎人群中，雪窦禅师隐居于丛林，陆沉在群众之中而不显露其才华，他们不都是人群里的隐士吗？乃至像孟子、庄子，虽然曾周旋于朝廷，但是他们的心都是一个隐士。

不过，也有的人虽然隐居，却是名动朝野，如庐山慧远"沙门不敬王者论"，如道楷禅师"皇上三请不赴"。所谓"竹密不妨流水过，山高岂碍白云飞"，能够大隐隐于市的人，可以"百花丛里过，片叶不沾身"，那就是真正的隐士。

然而世间也有不少人，名义上是隐士，实际上人在山林，心在红尘；虽然住在山林水边，却天天指望着飞黄腾达的时刻到来，每日妄想纷飞，那并不是真正的隐士。

僧人闭关，就是想找一个退隐的地方，但是莲池大师在《缁门崇行录》里说，看到一些出家人虽然出了家，离了俗，还为了衣食操心，行要穿衣饰遮，住要宅房屏障，门要锁，箱子要盖紧，这样既浪费时间，又扰乱道业。出家人尚且如此，何况现在社会上，要想找到一个真正的隐士，就更加难以求得了！

在《战国策》里，《颜斶说齐王》一文中记载，齐宣王要留住颜斶，许诺他只要肯与之交游，三餐所吃必是猪牛羊三牲具备，出门必然有车代步，妻子儿女所穿的衣服，必然无比华丽。颜斶对此丰厚的礼遇，毫不动心，他对齐王说："一个生长在乡野的士人，一旦被举荐在朝为官，并不是不尊荣显达，只是精神形体已经不能保全，所以我情愿回家，过着晚食当肉、安步当车的日子，只要不犯罪，便是最大的富贵，只要能够清净正直，便可以自得其乐了。"

世间上，能够像颜斶这样看得破、放得下，不受物欲引诱的人，其实不管身在哪里，都是隐士。

厚植国力

　　人自出生之后，父母就给予我们各种的扶持与教导，增加我们自身的能力。及长受教于老师，继而有利于社会，也总想增加自己的实力。

　　个人需要增加实力，国家更需要增加实力，所以厚植国力是全民刻不容缓之事。美国所以强大，因为他们一直很注重厚植国力；中国近年来的各种建设、各种成长、各种发展，也都是为了厚植国力。

　　国家有力量，是全民的光荣；国家的力量，就是全民的力量。如果我们的社会风气好，我们的公共建设多，我们的环保、道德、秩序，都能优人一等，就是厚植国力。

　　又如经济、交通、国际、情报、外交、内政，都需要厚植国力。尤其教育人才，使人人有知识、有思想、有公德、有能力，国力就自然雄厚了。

　　记得一九二八年五月三日，发生济南惨案，成为国耻纪念日；知耻近乎勇，忘了耻辱，就会失去力量。南京曾上演过一部纪念文天祥的影片叫《国魂》，另一部《黄埔军魂》，则述说凤山黄埔军校的一位老连长，数十年不要求升官，只为教育军中子弟的伟大情操。

过去曾经提倡爱用"国货"，拒绝舶来品，可是我们的观光团到国外都成了采购团。提倡"国货"，要从产品的品质改进做起。

现在讲究"国营事业"，无论什么赚钱的事业都为国家所专有。国与民争利，如孟子说："上下交征利，国之危矣！"国家应该站在为全民谋福利的立场来努力。就拿宗教来说，应该要提倡信仰，要发展宗教，因为全民信仰宗教是一种良知，爱国卫国则是一种天职情操。

如果到了国营事业一直亏本，到了国籍都不受国民重视，到了所有国宝纷纷流落国外。如此尽管再如何呼吁，再怎么样的国色天香，对国家来说，也是黯然失色！所以，厚植国力，全民大众齐心着力，曷兴乎来！

名人

社会上有各种名人，一般说，在演艺界发展，很容易成为名人，在政治上有所作为，也容易成为名人，在科学上有特殊的发现、发明，也会成为名人。但是，在医学界要想成为一个名医，就不是容易的事；在教育界要成为一个名师，那就更加为难了。中国台湾地区张惠妹凭着歌声，可以风靡海峡两岸。多少的教授终生讲学，又哪里能像张惠妹一样名利双收呢？

人总欢喜要有名，衣服、皮包、化妆品，喜欢用名牌，现在的计算机、电玩，甚至电视、冰箱也都是要名牌。因为"名"对于人生的重要，所以追名逐利就成为时尚所趋，就形成一股社会风气了。

在日本有国宝级的人物封号，甚至下围棋都提倡名人赛，还有歌唱的名人排行榜，以及体坛的名人、画坛的名人、论坛的名人等。对于名人，在很多的国家、地区都非常崇拜，但是在我们这里"人怕出名猪怕肥"，只要你一有名，批评、打击、

五供峰

生活中遇到挫折、不公平时，
要冷静思考另外的管道；
当事成享受光荣之时，
切忌得意忘形，
须记取不顺遂时的教训。

一个人一生有两条路，
一是领导人，一是被人领导。
不管是领导人还是被人领导，
都须具有才华、能力。
领导人要德能兼备，
属下才会服气；
被领导者也要有才学，
才能得到领导者的欣赏提拔。

毁谤就纷至沓来，我们的名人，实在讲也活得很辛苦，活得很可怜喔！

战国时期的苏秦，功名未成，家人都不屑理睬，后来他佩六国相印，当他经过乡里的途中，万人空巷迎接，尤其他的嫂嫂匍匐在地，苏秦问："为何过去你对我那么刻薄，今日却对我如此谦卑呢？"嫂嫂说："因为你现在的名位很高。"苏秦不禁慨叹地说："贫穷的时候，父母不以我为子，兄不以我为弟，嫂不以我为叔；而如今有了名位以后，情况就有这么大的转变，可见在世上名位怎么能说不重要呢？"

三代以前唯恐好名，因为他们觉得应该好德；三代以后唯恐不好名，因为现代人好财好色，纵欲无度，能好名已经是人中的佼佼者了。

名不是求得的，名是做到的，所谓"实至名归"。名最好不是"虚有其名"，应该要有善名、德名、学名、令名、美名、好名、贤名。只要能受社会的尊重，只要不要有"恶名"，"好名"又有什么不好呢？

牵手

　　"牵手"是台语的名词，意指男女婚姻结合，从此将永远在一起，手牵手、心连心地共度一生，所以台语称夫妻为"牵手"。

　　自古以来，男女两情相悦，要想一生共营生活，长期"牵手"，实在也不是容易的事。汉朝的司马相如与卓文君，为了成为"牵手"，即使门不当户不对，才子佳人仍不顾一切，向旧有的礼教和观念挑战，诚属不易。戏曲中的王宝钏为了和薛平贵"牵手"，从金枝玉叶到寒窑苦守十八年，无怨无悔，也非一般人所能轻易做到。

　　但是，从另一方面来看，自古以来即使贵为金枝玉叶的公主，有时为了国家的需要，帝王也鼓励她们与大臣将相结成"牵手"，以笼络人心，巩固臣下对朝廷的向心力。文成公主远嫁西藏，为了朝廷，为了汉藏文化的交流，毅然与吐番赞普松赞干布成为"牵手"；王昭君为了平息匈奴的侵略，代表国家和番，与呼韩邪单于结成"牵手"。

台语把夫妇称为"牵手"，别有意义。因为一般人只能握手，很好的朋友走在路上能够互相拉手搭背，就已经非常了不起了，但不能完全称为"牵手"。"牵手"表示永远相随，永远相依为命，永远苦乐与共，永远患难相扶持。

孟姜女与范喜良是"牵手"，范喜良被征调到塞外建筑万里长城，孟姜女万里寻夫，哭倒长城，成为感人的故事。南宋巾帼英雄梁红玉，她与韩世忠"牵手"，共同抵抗金兵，留下"击鼓战金山"的千古佳话。

杨家将中穆桂英与杨宗保是"牵手"，她为了忠于杨家，随佘太君披挂上阵，留下杨家一门忠烈的美名，也是为了"牵手"之情。宋朝女词人李清照，与赵明诚"牵手"一生，共同致力于金石书画的研究，虽逢战乱，颠沛半生，后来赵明诚病逝，李清照强忍悲痛，整理完成其夫所著《金石录》，足见伉俪情深。

其实，也不一定男女夫妻才要"牵手"，现在的职业团队就应该要"牵手"，社会上的所谓社团、党派、同志，也要像"牵手"一样，携手同进。

"牵手"是从爱而发起的因缘关系，假如我们的社会，人人都能互相尊重，发展彼此的慈悲爱心，则整个社会都如家庭里的父母兄弟姊妹"牵手"，那将是多么美好可爱。

夫妻除了要"牵手"共度一生，还要像双手一样互相帮助，左手拿不动的东西，右手一定会主动帮忙；如果双手不能共同合作，则此人可能是中风或残疾了，如此不能"牵手"，不能相互扶持，则家庭自然就会出现问题。所以我们祝愿天下的"牵手"，都能好自圆成。

追

　　人遇到不欢喜的事情，就会想要逃避；遇到喜欢的事情，则做种种的追求。坏事如杀、盗、淫、妄等，可以逃避不做，但有的人逃避责任、逃避家庭、逃避工作，这样的人生必然会发生问题。

　　人的眼、耳、鼻、舌、身、心六根，每天总在追逐色、声、香、味、触、法六尘。有的人追求爱情、追求金钱、追求享受，有的人则是"追星赶月"，忙碌不已。无论什么事情，到了用"追"的时候，都已经是不好的结果了。例如：做错了事，就非常追悔；人逝世以后，要追悼、追思；欠了债务，要追讨；逃犯被通缉，警察也要千方百计去追捕。

　　有人喜欢追小偷，但也有人说"穷寇莫追"，就是讨债、追债吧！讨得很急，追得太紧，也会有反效果！

　　行政机构，有的资源分配不够，请上级追加；各个公司团体、各家事业，"追加预算"已经成为家常便饭。很多的协议条约，因为时间太久，也要加以"追认"。甚至一些家族亲人，多年离散，也希望追本寻根，要求认祖归宗。

历史上的人物，本来都已作古，成为过往云烟，但由于后代的人要追根究底，所以制造层出不穷的问题。今日的是是非非，又再将往昔的是是非非提出，大家一块追究起来，几乎每一个人都是没完没了，所以有的人就认为：往事何必再追究！

其实冤枉委屈，甚至多少重罪刑罚，不必靠法律追诉，不必靠舆论追究，也无须靠人来检举追查；真正能追究的是因果，有因必然有果，因果是丝毫不爽的。

历代以来，有一些对国家社会有贡献的人，当他在世的时候，没有获得应有的尊敬，等到魂归净土之后，或者改朝换代，认知的尺度不同了，才来对这些英雄与哲人加以追谥。如张自忠被冤枉通敌，最后冤情洗刷，等他壮烈殉国，终于给他追封。甚至有时不但追封死后的英雄，还能泽被后代的妻子儿孙。

汉高祖因为没有先知，不能识人，对于萧何推荐的不世之才军事家韩信，视如小兵，韩信因无知己，只有黯然离去。好在萧何月下追韩信，终于筑坛拜将，成为汉朝的开国功臣。但是历史上许多像韩信这样的人物，不被重视，一去后追不回来，不免令人对这些短见短视之人发出一声叹息。

人，往前途追奔固然是好事，对人生的过去，所谓前尘往事，能追溯历史的教训，改往修来，也不枉追的价值。

海量

　　海，是一个神秘的世界，海的深广，海的宝藏，海的功能，固然少有人知道；但是人生用"海"来做譬喻，倒是很多。例如生活不得自在，就慨叹说"苦海无边"；寻人不着，就觉得"人海茫茫"到哪里去找呢？读书的人感觉"生也有涯，学海无涯"，表示学无止境的意思。甚至人与人不好，说"血海深仇"，总想到要报仇雪恨。

　　海的浩瀚无边，代表坚定永恒，代表无穷的希望。所以情人用"海枯石烂"，表示永不变心；如果争执不下时，总是劝人"退一步想，海阔天空"。

　　此外，"海市蜃楼"表示给人的幻觉，幻化不实；"海底捞月"，表示假相骗人，给人不真实的希望；"海浪滔天"，表示海水无情，非常危险；"海底捞针"，表示事情的困难度很高；"海角天涯"，表示路途遥远，难以相见。因为海大而深，且与人的关系密切，所以海难事件也就时有所闻。

现在世界很大，有的人总想控制多少领空，控制多少领海；但是大海无私，也有一些公海上的法律。现在国际上的法律事务，有"海事法庭"，就是专门解决海域的纠纷。

海的譬喻很多，佛经也经常用海来诠释法义，如"心如大海无边际，广植净莲度世人"；如"法海深广"，到法海寻宝叫"法海搜珍"；如"百川流入大海，同一咸味"，江河湖水，尽管再怎么肮脏、污秽，流入大海，也无法污染大海的清净。所以，一个人的人格不能有山岳的崇高，也要有海洋的深广。

"法海深广"，学道人总希望深入三藏，智慧如海。佛教把三藏经典，称为"藏海"，甚至把人心也比喻为"心海"。人心如海，主要就是勉励我们，要有宽阔的心胸，要有如海一般的心量。

说到心量，世间上有的人心量狭小，心里面固然放不下天地、国家、人我，就连自己家庭的夫妻儿女等最亲近的人，有时候稍为侵犯了他的利益，他也会翻脸无情。等于火柴盒，只要多了几根就装不进去；如同牙膏，只要多了几盎司就会爆破。所以，心量狭窄，不但是广大的佛法进不去他的心里，至亲好友也不能走进他的心中，因为他没有海量。

人生，有的人心量如海，也有的人心如窄巷。你的心量有多大，就容纳有多大；你容纳有多大，你的事业就有多大。所以，学佛不能建立心如海量，心中不能容纳万有，自然也无法得到佛法的利益。

坐井观人

　　韩愈的《原道》说："坐井而观天，曰天小者，非天小也，实乃所见者小也。"是形容一个人在井底下面看天，他说天好小喔！其实是天很小呢？还是他所见者小呢？

　　与"坐井观天"同义者，尚有"目光如豆"、"以管窥天"、"以蠡测海"、"牖中窥日"等。其实也不尽然，另外也有人讲"秀才不出门，能知天下事"。知识只要能善于推理，懂得研究，像"须弥纳芥子，芥子藏须弥"，大中容小，小中容大。用《华严经》的思想来说，一个不是小，万亿不是多；大的并非真大，小的并非真小，一粒微尘中可以容纳三千大千世界，所以"坐井观天"有时也能知道天地之大也。

　　此外，如"佛观一粒米，大如须弥山"、"一花一世界，一叶一如来"；所谓"一叶知秋"、"闻一知十"，就是说见微要能知著，如孟子与齐宣王论"仁"时说："吾力足以举百钧，而不足以举一羽；明足以察秋毫之末，而不见舆薪。"因此，一个人把思想局限在框框里，知识当然就不能开发了。所谓"大海之水，只取一瓢饮"，一瓢之水即知大海之味，何必一定要把大海之水饮尽，才知咸味呢？

庄子的《逍遥游》里也说："北冥有鱼，其名为鲲。鲲之大，不知其几千里也。化而为鸟，其名为鹏。鹏之背，不知其几千里也。怒而飞，其翼若垂天之云。是鸟也，海运则将徙于南冥。南冥者，天池也。"庄子不一定见过鲲，可能也没有见过鹏，但他知道鲲之大，也知道鹏之硕，可见人的知识、思想，可以从推理而得知。

反之，刘姥姥进大观园、土包子下江南，面对花花世界，只有眼花缭乱。因为没有思想，即使见闻再多，也不能了然、熟透，因为没有明心，所以才会坐井观天，才会觉得天小也。

因此，一个人思想不开通，要靠读书。书中有知识，书中有世界；世界在我心，我心有法界。当一个人能从蜗牛角上见大千，就不会再被人讥为"坐井观天"了。

自我雕塑

父母想塑造儿女，希望将来成龙成凤；老师想塑造自己的学生，但愿将来能够青出于蓝更胜于蓝。世界上每一个行业的专家，都想塑造下一代，完成自己的理想。

但是，在人的一生当中，最重要的是塑造自己。您想塑造自己成为一个政治家，还是成为一个大富翁呢？在自我的塑造中，其实最重要的是，塑造自己成为一个有完美人格的正人君子。

你看，现在有很多的雕塑家，他们塑造的雕像，有的外型很美，但内涵不足。现在的人自我雕塑，也是犯了同样的问题，外表看起来有模有样，而内涵的道德修养、智慧灵巧都有不足之过。

现在的人宁愿花一万元去瘦身，却缺乏内在美。现在整形美容，也是塑造自己外表的形象，但是"美心"却没有像"美容"那样地用心。

塑造自己是一生的工作，必须经过数十年的岁月寒暑，要有无限的耐烦，点点滴滴，有形无形的，不但要有外在的仪表，更要有内在的德性，才能够散发高贵的气质，显露人性的光辉。

自我塑造，有的英雄用仁义来塑造自己，有的女士用贞洁来塑造自己，有的学者用智慧来塑造自己，有的圣者用牺牲来塑造自己。塑造自己，不是给人一时的欣赏，而是要能历久完美，所谓"路遥知马力，日久见人心"，塑造自己要能经得起时间的淬炼。

英国人希望把自己塑造成绅士淑女的形象，美国人喜欢把自己塑造成英雄的形象，日本人喜欢把自己塑造成武士的形象，中国人希望把自己塑造成书生的形象，法国人希望把自己塑造成浪漫的形象，马来西亚人希望把自己塑造成热情的形象，历代的佛菩萨等圣者，都把自己塑造成慈悲庄严的形象。

经云："心如工画师，能画种种物。"我们的心能够把自己雕塑成圣人、凡夫、罗刹、阿修罗，或菩萨、声闻、缘觉、佛。聪明的人们，你希望自己成为一个什么样的人，就把自己雕塑成什么样子吧！

幕僚

　　行政官员，属下都有一些幕僚人员；社会上的企业团体，幕后有一群智囊团；一部伟大的电影，背后也有很多的编导制作人员；一场战争，所谓"一将功成万骨枯"，可想而知幕后有多少无名英雄了。

　　幕僚，在古代称为"师爷"，所谓师爷，又被称为"刀笔吏"。好的师爷，帮助主管献计献策，能为主管做出贡献；不好的师爷，欺压善良，贪污舞弊，这就讲到幕僚的品德了。

　　一个优秀的幕僚，不但要有高超的智慧、深广的见识、宏观的远见，还要有优良的品德，要能功成不居，和主管之间的分寸拿捏好，要懂得自谦、自卑，如此就能做好一个幕僚人员了。

　　幕僚人员对主管的影响，常常具有举足轻重的地位。有的主管本来非常优秀，但给没有品德的幕僚导之邪道，投机取巧，结果同归于尽；也有的主管无德，但是遇到正派的幕僚，导之以正，不至于出大纰漏，这也是幕僚的贡献。

唐太宗之所以能开创"贞观之治"，是因为他有一群优秀的幕僚，甚至武则天能够以一个女流之辈称皇称帝，也是因为她会使用幕僚人才。像孟尝君门下食客三千，就是会善用幕僚，及至他落难时，冯谖才会为他出力，让他恢复了相国的职位。幕僚的贡献之大，由此可见一斑。

因此，一个主管的成败得失，有时候不要光看台上的关系，其幕僚的影响，也不能说不重要喔！像刘备虽然成为帝王，但是人不道刘备之能，反道诸葛孔明伟大的贡献。在台湾地区上演的《包青天》一剧中，包公固然令人可敬，但是幕僚公孙策帮他运筹帷幄，其功也不能说不大；《雍正王朝》中，雍正皇帝遇到的邬思道，那就更是令人敬佩的幕僚了。

但也有一些皇亲国戚，借助裙带关系，弄权干政，使得民不聊生，这也是另类幕僚的罪过了。晋文公因为没有处理好幕僚的贡献，让介之推牺牲在绵山，即使有寒食节来表示对他的纪念，也无法弥补对幕僚的照顾不周之过。

有的人好站在台前，作为领导首长；有的人不好出名，喜欢站在幕后，为领导者做幕后的智囊，成为智库，那也是好的幕僚。现代大学里有秘书的科系，所以有人专攻幕僚学，可见幕僚人员在这个时代里，也是不可或缺的角色。

会议

　　现代社会流行开会，会议就是三个臭皮匠，胜过一个诸葛亮，因为集思广益，容易达成共识，做起事来自然能够达到事半功倍的效果。

　　民主时代，凡事讲求公开、公正、公平，一切诉诸公议，所以凡是与大众团体有关的事，都有召开会议的必要。

　　现在国际间有高峰会议，学术界也有各种学术会议；公司机关团体里，更有一些专业人士，专门参与各种会议。甚至学校里有各班会议，以及早会、周会等；家庭里也有家庭会议，还有早餐会议、午餐会议，连吃饭都不忘开会。

　　会议是时代进步的动力，如果有什么误会，会议里可以解释；如果有意见不同，在会议中可以沟通，采取折中办法；如果有不了解的地方，也可以在会议中加以说明。

　　但是现在的各种会议太多，也为人诟病。"会而不议，议而不决，决而不行"，因为会议太多，但只说而不做，也对会议打了折扣。

现在西方的国家，尤以公听会最为流行，透过公听会取得更多的民意而成就一件事情，所成就的事情也就更加地弥足珍贵了。

其实，说到开会，中国自古以来皇帝的早朝不也是最高会议吗？在佛教里，从佛陀时代僧团便经常举行会议，根据《中阿含经》记载，佛陀认为一个国家政治结构的建立原则，首要条件是"数相集会，讲议正事"，可以见得佛陀相当重视会议制度。

在会议里，任何人都可以表达不同的意见，但是"少数要服从多数"，"多数也应尊重少数"，尤其一经会议决定的议案，大家就应该携手同心，合力完成会议所决议的提案，这是民主作风的表现。

但是，现在也有一些人不懂得会议的游戏规则，赞成，只是硬卬；反对，也是意气用事，为反对而反对。所以现在会议开多了，也有一些会议的规则，例如一个会议，时间限定在一小时、两小时之内，主席或发言者要遵守会议的时间。甚至一个会议开始前，工作人员要辛苦准备多少的图表、数据做演示文稿，来让会议能够顺畅、迅速地进行，这也是现在会议最大的进步了。

土包子

"土包子"是形容有一种人生长在偏僻的乡村,没有见过大场面;由于没有见过世面,没有受过礼仪教育,土里土气,一般人就说他是"土包子"。

现在台湾人以暴发户的姿态到大陆,大声讲话,对人无礼,为什么没有人说台湾的土包子回大陆呢?

其实,土包子也不一定是现代人的名词,当初《红楼梦》里的刘姥姥进大观园,刘姥姥不就是一个土包子吗?我们的父母长辈,因为过去社会保守,很少外出,现在你带他们去参与宴会,参与交友联谊,等于忽然进入一个过去从来没有生活过的社会,这许多不都是我们家中的土包子吗?

多少儿女,父母辛苦送他们出国留学,等到父母要去探望他们的时候,他们不敢带父母参与社区活动,不敢让他们和社团及社交圈的人见面,因为他们觉得父母太土包子了。

"土包子"过去称为"乡巴佬",其实乡巴佬也有他们可爱的一面。他们憨厚、诚实，他们谦虚、勤劳，他们淳朴、乐天，人间有这许多的土包子、乡巴佬，不是让人更觉得世间的可爱吗?

现在高谈本土化的时侯，我们有为这些土包子设想吗? 他们乡巴佬的农产品不断供输到城市，给现代人享用，现代人有几个回到乡村去照顾这许多乡巴佬呢?

为官者不要以为推展许多的全民福利，就是大仁大义，其实也应该为这许多土包子着想，让他们也有受教育的权利，也有旅游世界的机会，也有退休养老的制度。社会的福利不应该只给城市的居民所独占，我们对于那些守着本乡本土的人，他们对社会的贡献，其实并不少于城市的人。

乡下人在生产，都市人在消费、享用，我们还要歧视乡土的人物，还要取笑他们是乡巴佬。实在说来，最土的不是乡巴佬，而是城市的人啊! 今天城市里的土包子，是那些没有现代知识，没有公众道德，不讲是非，不明事理，不尊重法纪的人。其实这许多"城市贵宾"也要自己反省。

我们一些现任的"民意代表"不土吗? 我们需要有高气质、高品德的人，希望这些土包子都能有所进步!

深浅

　　海洋、河流，都有深浅；人的教育、言语，也有深浅。一般人对于才疏学浅的人，总是不屑一顾；也有的人博大精深，但是太深了，令人莫测高深，也会让人敬而远之。

　　人，太有深度，曲高和寡；太过浅薄，又给人小看，所以最好能"深入浅出"。佛陀的教法，为了观机逗教，可以说都是深入浅出；禅门的语录，为了让人开悟，种种的说法总是要让人有所得。

　　现在许多科学家，为了把科学知识介绍给大众，不惜喊出大众科学；哲学家要讲解艰深难懂的哲理，便用种种的譬喻故事，引人入门。有名的《庄子》、《法华经》、《大宝积经》，就是许多哲人深入浅出后的智慧呈现。

　　平常的人对于肤浅总是不屑，其实医生治病，打针时当深则深，当浅则浅。朋友只需要浅交的，就不能深谈；听讲只需要浅闻的，就不能深究。有些读书人，有时也会自谦自己才疏学浅，其实自称才疏学浅的人，必定是深藏不露。当然，深海里出蛟龙，深山中出幽兰，重要的人物都是深居简出，凡事也要深思熟虑，才能随机应变，才能深浅一如。

有人说佛法很深，不易通达；恒河流水，你未曾在河中游泳，如何能知深浅？佛法的弘传，所以能"法水长流五大洲"，就是因为它或深或浅，都是契理契机、应病与药。如"三兽过河"，大象、马、小白兔都能游泳而过，它们的足迹在水中必有深浅之差，但水的深浅始终一样，所以懂得的人就会说：受益匪浅，我的福报匪浅。

达摩东来，梁武帝礼请他到宫中问法："朕自从主政以来，建寺度僧，行善不断，请问有什么功德？"达摩祖师回答："了无功德！"梁武帝好像被浇了一盆冷水，心想："我做了那么多善事，你不但不赞美我，怎么还说没有功德呢？"因此不免对达摩祖师心生反感，而达摩祖师也觉得与他无缘，于是拂袖而去。这就是因为深浅不相应，所以没有默契。

说到深浅，水有深浅，人有深浅，理有深浅，甚至佛法也有深浅。深海固然供给大船航行，提供大鱼深藏，但是浅海让人游泳，让人潜水，让人清净。又如懂得喝酒唱歌的人，都喜欢浅酌低唱；学习教育的人，总希望浅显易懂的教学法。对于深耕浅种，对于交浅言深，所谓当深则深，当浅则浅，深浅并用可也。

军事教育

　　教育，也不是只看办多少大学、中学、小学，教育要看受教育的人口，像日本的零文盲，就是教育普及的结果。中国台湾地区虽然推动义务教育，甚至从九年的义务教育到十二年的"教育"，但是我们的文盲还是存在!

　　教育，也要看教育的品质。教育的品质，每一个社区要有图书馆，每一个乡镇要有文化中心，每一个县市要有博物馆，尤其要重视优良师资的培训，才能有优质的教育。

　　在许多的教育当中，军事教育是台湾地区最进步的教育，军事教育的进步，是因为有目标、有计划、有方法，尤其德、智、体、群、美，真正做到"五育并进"。军队的教育，重在生活一致，重在团队精神，重在服从领导，重在培养荣誉感和责任心，这是现在一般教育所难以企及的。

　　台湾地区对教育的投入中，比较重视在军事教育上的花费。军事教育训练出来的人才，都是忠贞、干练、勇敢、冒险犯难，尤其要培养耿直、干脆的性格，实在不是唯唯诺诺的人所能比拟。

即使现在讲到一个人的品质，从人格、人品、风仪，都可以看得出一个人的成功。现代军人，如美国的麦克阿瑟等，他们那种军人的仪表、风采，到今天依然令人肃然起敬。

现在能与军事教育相比的，就是佛教的僧伽教育。例如佛光山的丛林学院，每日清晨四五点起床，全体早课，然后集体排班过堂（吃饭），之后打扫环境，整理内务。平常不可请假，每天劳动服务，搬柴挑水，三餐自己料理。军队里没有夜不归营，佛学院的僧伽教育也没有借宿外方。吃饭时，要按照军号与板声，可以说军规与清规，相互辉映。

说到教育，现在台湾地区的联考制度，实在说真是戕害了不少青年的兴趣、志愿。很多人志不得伸、气不得展，所以不得已，我们只有求助于家庭教育。如果家庭教育不足，最重要的，就是要学习自觉教育了。

自信

  世界著名的指挥家小泽征尔，青年时期曾参加一次指挥比赛。比赛中，他照着规定的乐谱指挥演奏。忽然，他发现其中有不和谐的地方，便向评委提出问题，却遭到驳回。这时他经过一番挣扎考虑后，毅然对着眼前一群音乐界的权威人士大吼一声说："一定是乐谱错了！"话音甫落，评审台上立刻响起热烈的掌声，原来这正是比赛的一部分："自信"！

  人要有自信，自信是成功的要素。一座高山，爬上去很辛苦，不过我有信心，我就可以登上峰顶；海洋很大，不容易横渡，但是我有信心，我就可以通过大西洋。

  有的人徒步环岛一周，有的人骑脚踏车环游世界，有的人驾着帆船横越洲际，有的人乘坐热汽球遨游天空。成功是属于有信心的人所有，想要高飞，就要知道自己在做什么，身心清明，做得了自己的主人，便有信心掌握住比别人更多的机会。

  过去认为女性不能当兵，不能当警察，但是有自信的女性，现在当警察、当空军驾驶飞机，一样很成功。

自信，空手可以安度恒河；自信，掉入枯井可以腾空。禅家的直下承担，就是自信；马祖道一叫嫂嫂听鸡蛋的声音，嫂嫂因为深信不疑，终于功到自然成。南阳慧忠国师的侍者因为没有自信，辜负国师的用心；白云守端禅师的"不如小丑"，也是因为没有自信。

谚云："吾心信其可成，则无坚不摧；吾心信其不可成，则反掌折枝之易亦不成。"一个人必须对自己有信心，对于自己的所短和所长一目了然，认识清楚，才能开拓自己的前途。没有自信的人，就无法给人信心；自己都不能肯定的事，当然也不能取得别人的肯定。

自信不是自负，自信不是自我膨胀，自信不是自我吹嘘；自信者，是锲而不舍；自信者，是准备健全的条件；自信者，要衡量自己的实力。有信心的人，才能一心一意地朝着目标，笃定踏实地走，才能走出自己的前途。

人生不如意事，十常八九，我们容许有许多失败的记录，但是最后能击败我们的，不是别人，正是自己。有信心，有力量，每一个人都能从失败中突破困境，获得最后的成功。

安全岛

在都会的省市道路上，南北东西往来的车辆，中间有一个区隔的空间，叫"安全岛"；在高速公路上，南北往来的车道之间，也有"分向绿地"，也是"安全岛"。

陆地上的车与车之间要有安全岛，所有海上、空中的交通工具，航线与航线之间，也要有安全的距离。由此而推，人与人之间也要有安全岛。

什么是人与人往来的安全岛呢？

现在的都市地狭人稠，公路上区隔双向车道往来的安全空间有限，所以只得用黄线作为安全的分界，甚至用双黄线限制车辆不得超越，以策安全。人与人之间的单黄线、双黄线、安全岛、分向绿地在哪里呢？人与人交会，有语言、有礼貌、有伦理、有制度，这些都是人际往来的安全岛；逾越分际，就像车辆越线，会有发生车祸的危险。

当初汉高祖刘邦与楚霸王项羽僵持不下时，立下"楚河汉界"，成为两派势力的安全岛。

国有国界，省有省界。现在的领空、领海，就是国与国之间的安全岛；古时的护城河、城墙，也是用来保护皇家不受侵略的安全岛。乃至现在的防火巷是房屋的安全岛，骑楼是行人的安全岛，灯塔是轮船的安全岛，法律是人民的安全岛。佛教的结界，一根绳子，一堵篱笆，都是安全的世界。

安全岛是固定不动的，车辆行驶要依循它，也要避开它，才能安全。有一个颇为耐人寻味的故事：有一艘美国的航空母舰在海上航行，到了夜里忽然起雾，能见度相当低，舰长为防发生意外，亲自到指挥中心坐镇。果然不久就发现前方有一微弱的灯光，舰长立即叫通讯兵用密码指示对方："这里是USS独立号，请向东转十五度，以免发生危险。"

几分钟后，对方也用电讯响应："USS独立号请注意，请向西转十五度避开我们。"舰长看到回讯，火冒三丈，认为美国航空母舰是世界上最大的船，岂有让其他船只的道理，便立刻要通讯兵再电告对方："重复！这里是USS独立号，我是美国航空母舰舰长强生中将，请立即向东避开十五度，以免撞上我们。"随后对方很快又传来响应："我是二等兵，我这里是灯塔，请立即向西转十五度避开。"

安全岛是用来维护我们的安全的，但是如果你硬要撞向它，双方共遵的安全岛可就反而不安全了。

智慧财

现在的时代，一切都在进步中；在进步的诸事当中，以重视智慧财最为有意义。

一幅画，你不能抄袭，那是别人的智慧财；一首歌曲，你用了要付费，因为那是他人的智慧财。

现在重视版权，重视发明，对于智慧所呈现的东西，我们都给予它价值的肯定；你要动用他人的智慧财，你必须获得同意，或者要付费，要有代价，这才公平。

我们看到一栋大楼，就知道这是许多工程师和建筑师，通力合作的智慧；我们看到一部电影，或是电视连续剧，也会知道，这里面结合了导演、编剧、制作人、演员等人的心血，那也是他们的智慧财。我们不能把别人千辛万苦所成就的智慧财，随意盗用，这对许多辛苦付出的人来说，实在是不公平。

所以，现在有的人剽窃他人的产品，有的人仿冒他人的商

标，有的人抄袭他人的文稿，有的人用种种的手段，尽可能地
浑水摸鱼，总想把别人的成就，成为自己所用，失去了社会的公
平，因此智慧财的保护，在现在这个时代里，实在是非常有提
倡的必要。

　　智慧财也有一些时空上的规划，例如佛经是历史上的文
化，所以什么人都可以用它；孔子、孟子的四书五经，什么人要
印刷它，都是一概欢迎。但是现在有一些商人到敦煌、云岗、
龙门，获取很多的佛菩萨圣像，再拿到寺庙里出卖给出家人。
这本来是佛教的遗产，应该由佛教徒来享有，但是因为经过商
人的拍摄，所有权究竟归属何方，就又有争议了。

　　所谓智慧财，现在最重要的就是尊重的问题，这要比金钱
的价值更为重要、更有意义。所以现在法律上仲裁智慧财的纠
纷，除了钱财的价值外，对人情的周到，对他人的尊重，可能也
要规划在其中。

　　现在世界各地，都在保护民众成就的智慧财，如果任意
剽窃他人的智慧财，则不惜一切，用各种报复的手段加以制
裁。所以，对于一些贪取小利、贪取私利、不尊重别人的智慧
财的团体、个人，当遭遇到处罚的时候，也需要反躬自问。如
此对于后续的社会、文化、人品、道德，才能有所增进喔！

半调子

　　唱歌，有高音、中音、低音，有C调、D调、F调等。总之，你都要和调子配合、和节拍相应，如果音符太高，唱得太低，就成为"半调子"。

　　"半调子"就是不和谐、不搭调。有一些人说话不得体，做事不称职，常常被人批评为"半调子"。现在社会上"半调子"的人很多，不知强为知，不会强为会，不能强为能，这都是自不量力的半调子。

　　现在的人，往往"样样通、样样松"，要想完成一件事情，只是一个半调子，不能周全，不能圆满。例如有的人学语言，英文、日文、中文、法文，很容易学得惟妙惟肖，但多数的人只能学到半调子的外文。

　　有的人要追求自由民主，学英国的内阁制；有的人要实现自由民主，学美国的总统制；也有的人学日本人的君主立宪制，但也有不少的国家，学到后来都不像，所以只是自由民主的半调子。

西施很美，她的一颦一笑，甚至连心痛捧心的样子，都令人我见犹怜；东施一看，也想效法，于是每天皱着眉头，想要博得人的垂怜，无奈她怎么学都不像，徒留一个"东施效颦"的笑柄，这就是学到半调子。

赵国首都邯郸的人走路姿势很好看，燕国有一个人很想学习，便不远千里前往拜师求教。三年后，这个人不仅没有把邯郸人走路的样子学好，甚至连原来自己如何走路都忘了，最后不得不爬着回到燕国去，这就是半调子，甚至连半调子都够不上。

不懂礼貌，不知轻重，冒充专家，到处招摇，不肯务实，游手好闲，都是做人的半调子。人，被人批评为半调子，那就是终身最大的遗憾了。

尤其是，有些人半调子，自己不知道藏拙，反在人前献丑，还洋洋自得。是不是半调子，现在有镜子可以多照照自己的样子，有录音机可以多听听自己的声音，尤其身旁的亲戚朋友，要多向他们虚心请教，这样的话，即使有半调子的习惯，也会慢慢革除。

开心果

市面上有一种白色的果子，叫做"开心果"，平常喝茶聊天时往往少不了它。团体中也有一些善于自我解嘲，懂得幽默、风趣的人，他们乐于做开心果，把欢笑带给别人，因此任何场合，只要有他，总是笑声洋溢、热闹非凡。

开心果是精神上的营养，小孩子纯真的童言童语，常常是家里制造欢乐的开心果；老莱子"彩衣娱亲"，就是父母的开心果；小丑常常是一出戏的甘草人物，是观众的开心果；乐观的人、慈悲的人，都是别人的开心果。

开心果走到哪里，都是大众欢迎的对象，他就像春风吹拂大地，让人如沐春风。因此，做人要做自己的开心果，也要做别人的开心果。社会上多一些开心果，即使物质贫乏，精神也是丰富的。

佛教里，弥勒佛就是欢喜佛，是带给众生欢喜的开心果；不逆人意的须达拏，也发愿做众生的开心果。西方极乐世界，不但花开可以给人欢喜，还能花开见佛，乃至欢喜地菩萨，都是开心果。

开心果就是欢喜，就是欢喜踊跃。世界上最宝贵的东西，不是金钱，也不是名位，而是欢喜。欢喜让这个世界充满了色彩；欢喜让我们的人生充满了希望。因此，我们应该常思如何用真心给人欢喜，如何慈悲喜舍给人欢喜，如何用饮食妙味给人欢喜，如何用语言给人欢喜。能够时时常怀一颗欢喜心的人，是世界上最幸福、最富有的人。

欢喜不欢喜只在一念之间，人到世间来，要给人欢喜，不要把忧愁传染给别人，要为自他制造欢喜的乐趣。现在商人卖东西，为了吸引顾客，带给他们欢喜，时钟会有各种的叫声，手机会有各种的铃声，计算机屏幕也有各种美丽的画面，让人接受，让人欢喜。

狗儿摇尾巴，是要给主人欢喜；鸡子走到人前用嘴啄，是给人欢喜；小猫围着你咪咪叫，也是给主人欢喜；花儿的香味，也是讨人欢喜。鸽子安详地展翅，用美的姿态来给你欢喜；海里的热带鱼，身上的五颜六色，都是给人欣赏，给人欢喜而不会被伤害。

欢喜是世间最美好的东西，人是为了欢喜才到世间来的。欢喜是大家所追求的目标，因为欢喜让我们体悟到人生的意义，肯定生命的价值。因此，做人要创造欢喜给人，成为自他的开心果，如此也才不枉过此生。

开悟

经商的人为了获利，读书的人为了明理，修行的人为了证道，参禅的人为了开悟。

所谓"开悟"，就是要明白自他关系，明白因缘条件，明白时空未来，明白万有同源。只是能有多少人是真正这样开悟的呢？其实，小疑小悟、大疑大悟、不疑不悟，只要我们把宇宙人生的问题，都能了然于心，甚至把人我、自他的关系，都能处理得平等、和谐，这样就需要悟道才能成功。

悟道，就如一般说：我懂得了，我想通了，我明白了，我知道了；只是真能明白、真能懂得吗？所谓"明白"、"懂得"，只是相似的知识而已。我们要能真正开悟，必须体会到你我一体，自他平等；空即是色，色即是空。从真如法性上来讲，有和无不是对待的，有和无是一体的，所以烦恼即菩提，有烦恼才能转为菩提。

禅门的人，看到花开花谢，悟到世间无常；见到父母打骂儿童，悟到人生是苦；看到人我是非斗争，悟到欲念是苦等；看到诸法万有，都无实性，悟到苦空无常，皆有因缘。我们能够明白万法皆空，空中有无限的妙有，就能开悟！

日常生活中，有很多的问题我们要去懂得，为什么吃饭就会饱？为什么喝茶能解渴？为什么穿衣能保暖？为什么说好话别人就会欢喜？你能多知道一些为什么，你通达了、透彻了，即刻就会有小悟，累积小悟，就会有开悟的一天。

你看到正面，也要了解反面；你看到东边，也要明白西边。你知道严冬的寒冷，也要知道春意的和暖；你知道秋天的萧飒，也要懂得夏热对万物成熟的作用。你闻一知十，你明白一即一切，就能脱离"盲人摸象"的错误，就不会只知其一不知其二，就不至于执迷不悟，所以迷悟之间，只在于你的当下一念！

禅门不在于教人参禅成佛，而是要人参禅开悟，只要你能悟道，还怕不会修行吗？悟道，如同睁开了智慧的眼睛，有了慧眼，当你走向人生的大道，途中的山山水水、花花草草，都会伴随着你走向前程。你看到宇宙的万有、社会的万象，你的心中自然就会如同有了一面明镜一样，我看清了，我明白了，我知道了。这不只是看到外相，而是看到宇宙世间的来龙去脉、前后关系，那将是何其美妙的开悟世界啊！

用计

　　用计，是一种手段，是一种谋略。说到用计，中国历史上最有名的是"三十六计"，光是三国时代各势力之间的斗争就有：诸葛亮"七擒孟获"，是"欲擒故纵"之计；吕蒙"巧夺荆州"，是"明修栈道，暗渡陈仓"之计；曹操"火烧乌巢"，是"釜底抽薪"之计；周瑜想要计赚刘备，使用"美人计"，但结果却使孙权"赔了夫人又折兵"。

　　此外，历代以来，像周亚夫能削平七国之乱，他是用"声东击西"之计；像张巡用稻草人借箭，是"无中生有"之计；像秦始皇能够统一天下，是用"远交近攻"之计；像满清能够取得大明江山，是用"顺手牵羊"之计。

　　用计，就是要使别人上当，自己得益，所以过去多少策士，多少算计专家，周旋在王侯权贵之间，如苏秦、张仪皆是。他们策划种种计谋，设下种种制敌之计，有的是妙计、有的是奸计、有的是诡计，可以说千方百计，总要让人中计。

现在的计谋也不只是用在战争之上，像某些选举，各种竞选花招、策略，无非是为了谋取选票；像经商的人，各种产品促销方案，都是为了带动商机。

社会上，有的人为了生活家计、为了财务会计，所以有种种的计划、种种的计较。甚至朋友与朋友之间，有的人千方百计、诡计多端，但有的人用缓兵之计，将计就计，都会耍手段、用计谋。总之，事无轻重，人无大小，大家都需要用计。

其实，用计也没有什么不好，比方说，对于时间懂得分配，叫做"计时"；对于方法有第一方案、第二方案、第三方案，叫做"计划"。对前因后果、左右关系，应该谨慎，不能不做各种的算计；在艰难困苦的时候，不能不想到脱身之计；为了社会及后代儿孙的未来计，像现在的环保，不能不想到百年大计。

所以，计，也可以说是内敛的思想，是智慧的运作。人要平安、要生存，不能没有保身之计。

现在无论什么事，都要有算计，如计划生育、计划教育、计划情爱、计划收支。语云："一年之计在于春，一日之计在于晨，一生之计在于勤。"所以，如果生涯计划能够规划好，能够有益于民族、社会、大众，则于国家大计，也就算是有所贡献了。

牺牲

历史上记载了多少令人尊敬的人物，大部分都是"牺牲"的勇者！有的人牺牲夫妻的恩爱舍身取义，以中国为例，像黄花岗七十二烈士的林觉民；有的人牺牲家产、毁家纾难成为救国的英雄；阿里山的吴凤牺牲自己的生命，促成汉番之间的和平相处；上海四行仓库的杨惠敏，为了一面国旗，不怕牺牲，展现女童军的英勇。外国的例子有：缅甸的昂山素季为了争取自由民主，宁受多年牢狱之灾，也要让缅甸成为民主国家；印度的甘地也是为了国家的独立，个人多年的牢狱之灾和种种的牺牲都在所不计。

但是，牺牲有时也分为有意义的牺牲和没有意义的牺牲，像有的父母甘愿花了不知多少钱，将孩子养成纨绔子弟，反而造成对社会负面的伤害。也有一些愚忠之人，虽然勇敢地牺牲，但死于内讧，白白牺牲，没有什么价值；如果死在抵御外敌的战场上，不是更有意义吗？

有的人牺牲享受，有的人享受牺牲。男人为国家牺牲的很多，女人为家为丈夫牺牲的比较多，所以男人以国为重，女人以家为重。

过去日本神风特攻队的自杀飞机，虽然壮烈牺牲了，但究竟对人类有何利益呢？只是满足了少数侵略者的野心，不值得歌颂。有的人见人溺水，自己不会游泳，却勇敢地下水救人，虽然牺牲了生命，却展现了人性的光辉。

有些企业家为了国家的利益，宁肯牺牲很多赚钱的机会，也不危害国家；但也有很多不肖的商家，囤积居奇，操纵物价，致使社会金融大乱，只图私人的利益，叫他做一点点的牺牲，他却"拔一毛而利天下，吾不为也"。所以，猴子要求阎罗王让它投胎为人，阎罗王说：你嫌拔毛很痛，一毛不拔这点牺牲都不肯，如何能做人呢？

懂得牺牲小我成就大我的人，即使牺牲生命，伟大的精神却在历史的长河中，永远流传。

上了一课

　　人生从小到大，上了千百堂课，可是没有进步，但有时候别人的一个动作、一句话，让人有所体悟，这样的一堂课便影响了一生。

　　有的人深海勘探，经历了种种的危险，他上了一课；有的人爬山登高，用智慧征服了高山，也是上了人生的一课；有的人旅行各地，得到许多知识，犹如上了宝贵的一课。

　　孔子说"吾不如老农"，孔子从老农身上上了一课；莫瑞的《最后十四堂星期二的课》，那是生死的一课。在丛林里，禅师们往往几句话，就让求道者有所悟，而上了人生重要的一课。

　　有一个学者到寺院参禅，后来想要离山他去。禅师问："你要到哪里去？"学者说："我要去参学。"禅师问："你是学什么的？"答："我学唯识学。"禅师问："三界唯心，万法唯识，请问路旁的这颗石头是在心内，还是在心外？"学者说："在心内。"禅师说："你何必那么辛苦，在心上放一块大石头做什么呢？"学者言下大悟。

德山禅师对《金刚经》下了很深的功夫研究，写一部《青龙疏抄》。听说南方提倡"顿悟成佛"之说，颇不以为然，便带着《青龙疏抄》南下，准备破斥此一邪说。到了南方，路上经过一所卖饼的小店，德山腹饥，想买饼作为点心充饥。店中老婆婆得知德山禅师自以为对《金刚经》研究透彻，便问："《金刚经》说：'过去心不可得，现在心不可得，未来心不可得。'请问大德要吃点心，点的是哪个心？"德山愕然，不知所对。

有一个书生于寺院见到一副对联写着"须弥纳芥子，芥子藏须弥"，深不以为然，他说："须弥容纳一粒芥子，说得过去；小小的一粒芥子如何容得下须弥山，这副对联根本不通。"禅师反问："俗语说'读破万卷书，下笔如有神'，请问你万卷书如何能藏在小小的肚子里？"书生闻言，恍然大悟。

摩揭陀国欲攻打越祇国，国王先派一名大臣雨舍请问佛陀可攻打否。佛陀没有直接回答，只问阿难："阿难！你是否听说彼国人民上下有序，孝顺父母师长？"阿难答："是的。"佛说："如是！这个国家便坚硬如石，不易攻克。"佛又问："阿难！你是否听说彼国人民奉持正法，严守戒律？"阿难答："是的！"佛说："如是！此国坚硬如石，不易攻克。"如是往返七问七答，在旁的雨舍已经知道答案了，于是这一堂课保住了一个国家的安危。

韩愈拜访大颠禅师，定中的禅师如如不动，侍者于一旁说道："先以定动，后以智拔。"韩愈闻言，不禁赞叹："我已于侍者口边得到消息。"韩愈先生从侍者口边上了一课。

俗语说："与君一席话，胜读十年书。"这样的一堂课，只要留心，人生处处可得。

人要有远见

人的肉眼，看东西有个极限。但是用心去想、用心去看，那就是"远见"。

在《楞严经》里有"七处征心"的一段公案，说明我们的"心"，看得到别人，看不到自己；看得到这边，看不到那边；看得到外面，看不到里面；看得到大地山河，看不到自己的心；看得到"有"，看不到"空"。所以，人的"远见"不容易建立，因为，我们一般人只能看到浅处，不能看到深处；只能看到前面，不能看到后面；只能看到近处，不能看到远处。所以，人要有"慧眼"，才能有"远见"。

所谓"人无远虑，必有近忧"。人无"远见"，必然只有"浅见"。浅见的人生，他只看到自己，没有看到大众；他只看到家庭，看不到整个社会。像现在台湾政党里的一些分子，都是只看到政党，没有看到人民。有些人只去看股票，没有看道德；只看权利，看不到责任；只看结果，看不到其因。甚至整个社会

208

大众，都是只看到今生，没有看到来世；只看到生，没有看到死；只看得到现在，没有看到未来。人生的盲点有那么多的"看不清楚"、"看不到"，你说怎么能健全呢？

有的人看到人情，没有看到义气；有的人看到金钱，没有看到信誉；有的人看到利益，没有看到道理。主要是我们做人行事，需要有"远见"。所谓"远见"，就是不但看到历史，看到我们的祖先，你还必须看到未来和我们的子孙。你也不能只看到我们人类的同乡、同学、同事、同门，你还应该看到十方法界的众生。

也就是说，我们不要只看到一个家庭、一个社团，而要能看到全世界。因为"远见"是没有时间、没有空间、没有阻碍的；远见要有前瞻性，要有未来性，要有全面性。请问：你为你自己，有远见吗？你为整个的家庭、社会、国家、人类，都有远见吗？

如果你想要有远见，请你要看因缘，要看真理。你看到因缘，就是看到真理；你看到真理，才能看到因缘。所以，任何事都不是凭空想象，不是妄断有无，你要透过你的知识、智慧、般若，你才能有远见啊！

社会上，有的人很会投资理财，他就是有远见；有的人善于掌握商机，他就是有远见；能够洞烛先机，懂得未雨绸缪，就是有远见。蚂蚁知道天将下雨，它可以储粮；蜜蜂酿蜜，为了过冬；松鼠聚粮，也是防备严寒。动物都有远见，我们怎么可以不建设我们的远见呢？

附录：
星云大师佛学著作

中文繁体版

《释迦牟尼佛传》

《十大弟子传》

《玉琳国师》

《无声息的歌唱》

《海天游踪》

《佛光菜根谭》

《佛光祈愿文》

《合掌人生》

《星云法语》

《星云说偈》

《星云禅话》

《觉世论丛》

《金刚经讲话》

《六祖坛经讲话》

《八大人觉经十讲》

《观世音菩萨普门品讲话》

《人间佛教论文集》

《人间佛教语录》

《人间佛教序文书信选》

《人间佛教当代问题座谈会》

《当代人心思潮》

《人间佛教戒定慧》

《迷悟之间》（全十二册）

《人间佛教系列》（全十册）

《佛光教科书》（全十二册）

《佛教丛书》（全十册）

《往事百语》（全六册）

《星云日记》（全四十四册）

中文简体版

《迷悟之间》（全十二册）

《释迦牟尼佛传》

《在入世与出世之间——星云大师佛教文集》

《宽心》

《舍得》

《举重若轻·星云大师谈人生》

《风轻云淡·星云大师谈禅净》

《心领神悟·星云大师谈佛学》

《不如归去》

《低调才好》

《一点就好》

《快不得》

《人生的阶梯》

《舍得的艺术》

《宽容的价值》

《苹果上的肖像》

《学历与学力》

《一是多少》

《三八二十三》

《未来的男女》

《爱语的力量》

《修剪生命的荒芜》

《留一只眼睛看自己》

《定不在境》

《禅师的米粒》

《点亮心灯的善缘》

《如何安住身心》

《另类的财富》

《人间佛教书系》(全八册)

《佛陀真言——星云大师谈当代问题》(全三册)

《金刚经讲话》

《六祖坛经讲话》

《星云大师谈幸福》

《星云大师谈智慧》

《星云大师谈读书》

《星云大师谈处世》

《往事百语》(全三册)

《佛学教科书》

《星云法语》

《星云说偈》

《星云禅话》

《包容的智慧》

《佛光菜根谭》